Rosemarie Lüters, Joachim Romppel, Maren Schreier

Fremdheit überwinden - Zusammenarbeit gestalten

Schriftenreihe der
Fakultät V – Diakonie, Gesundheit und Soziales
der Fachhochschule Hannover

20

Rosemarie Lüters, Joachim Romppel, Maren Schreier

Fremdheit überwinden – Zusammenarbeit gestalten

Ein Praxisleitfaden für die Arbeit mit Müttern und Vätern in Kindertageseinrichtungen

blumhardt verlag hannover

Bibliografische Information Der Deutschen Nationalbibliothek

Die Deutsche Nationalbibliothek verzeichnet diese Publikation in der Deutschen Nationalbibliografie; detaillierte bibliografische Daten sind im Internet über http://dnb.d-nb.de abrufbar.

© 2011 Blumhardt Verlag

Fachhochschule Hannover
Blumhardtstraße 2
D-30625 Hannover
Telefon: +49 (511) 9296-3162
Fax: +49 (511) 9296-3165
E-Mail: blumhardt-verlag@fh-hannover.de
http://www.blumhardt-verlag.de
Alle Rechte beim Verlag
Druck: GGP media on demand, Pößneck
Umschlaggestaltung: any.way grafik partner, Hamburg

Illustrationen: Marco Finkenstein
Künstlerische Beratung: Jochen Weise
Fotos: Marei Hessel

ISBN 978-3-932011-80-1

Inhaltsverzeichnis

Vorwort

In Zeitungen, Funk und Fernsehen ist seit einigen Jahren viel über Entwicklungen und Veränderungen in Kindertageseinrichtungen zu lesen, zu hören und zu sehen. Die Einrichtungen erhalten als Orte früher Bildung eine neue Aufmerksamkeit. In Fachkreisen wird diskutiert, inwieweit sie als Treffpunkte für Familien erweitert und zu Familienzentren ausgebaut werden können oder in anderen Modellen mit den Organisationen des Umfeldes zusammenarbeiten. Ziel ist eine stärkere Einbindung von Müttern und Vätern zur Verbesserung der Bildungschancen von Kindern aus sozial und ökonomisch benachteiligten Milieus.

Mit der vorliegenden Broschüre präsentieren wir Ergebnisse einer qualitativ angelegten, niedersachsenweiten Forschung, die die Gegebenheiten des ländlichen Umfelds thematisiert und danach fragt, welche „Erfolgsgeheimnisse" es gibt, um Zugänge zu Müttern und Vätern mit Migrationshintergrund zu schaffen. Wir sind in unseren Vorüberlegungen davon ausgegangen, dass Konzepte, die das soziale Umfeld der Familien berücksichtigen zum Standard in den Einrichtungen des Elementarbereichs gehören.

Daher haben wir Leitungskräfte nach ihren Erfolgsgeschichten gefragt. In einer erkundenden Untersuchung haben wir zu fast siebzig Kindertageseinrichtungen in Niedersachsen Kontakt aufgenommen. In dreißig Einrichtungen sind Telefonbefragungen durchgeführt worden und siebzehn Leitungskräfte haben sich an einem Face-to-Face-Interview beteiligt. Wir sind in Kindergärten, Kindertagesstätten und Familienzentren in zwei Großstädten, neun Mittelstädten, einer Kleinstadt und fünf Dörfern gewesen (vgl. Forschungsdesign im Anhang).

Die Forschungsergebnisse haben wir so aufbereitet, dass sie von den in der Praxis tätigen Fachkräften als Arbeits- und Orientierungshilfe genutzt werden können. Die Fragen der „Checklisten" ermöglichen es, einen Schritt aus dem Alltaggeschehen heraus zu treten. Wir geben Denk- und Diskussionsanstöße, mit denen Leitungskräfte wie pädagogische Fachkräfte alltägliche Arbeitssituationen sowie inhaltliche oder strukturelle Aspekte reflektieren können. Ein Schwerpunkt liegt auf der Zusammenarbeit mit Müttern und Vätern mit Migrationshintergrund.

Einleitung: Mit Müttern und Vätern zusammen arbeiten

Die nach den PISA-Studien angestoßenen Debatten um eine neue Öffnung der Kindertageseinrichtungen nach innen und außen (vgl. Angelika Diller 2006; Karin Jampert 2003) haben vielfältige Entwicklungen nach sich gezogen. Elternarbeit hat einen hohen Stellenwert erhalten. In nahezu allen von uns untersuchten Konzepten werden unter den Stichworten „Erziehungspartnerschaft", „Elternbildung" oder „Elternarbeit" Ziele und methodisches Handeln der Zusammenarbeit mit Müttern und Vätern beschrieben. Dabei sind Ausführungen zur Elternvertretung und Elterneinbindung sowie zu Elternabenden, Elternbildungs- und Gesprächsangeboten fester Bestandteil. Auch die Kooperation und Vernetzung mit Einrichtungen des sozialen Umfelds werden in diesem Zusammenhang häufig thematisiert und als Voraussetzung für gelingende Zusammenarbeit angesehen (vgl. Joachim Romppel 2003).

Die von uns interviewten Leiterinnen sind einhellig der Meinung, dass sich ihre alltägliche Arbeit in den letzten Jahren stark verändert hat.

Eltern sind immer häufiger gekommen und haben Fragen gestellt. Sie verbringen mehr Zeit in der Kindertagesstätte. Sie möchten sich orientieren, möchten einfach gucken.

Sie messen dem Zugang zur Elternschaft eine hohe Bedeutung bei. Es ist ihr Anliegen möglichst viele Mütter und Väter zu erreichen, um die Entwicklung der Kinder zu fördern. In allen beforschten Einrichtungen werden entsprechende Dynamiken sichtbar und kreative Lösungen erprobt. Diskussionen um eine Erweiterung bestehender Konzepte, aber auch um Ausstattung und personelle Ressourcen werden an vielen Orten geführt. Die Forschung hat gezeigt, dass Fragen zur Haltung und Vertrauensbildung in den Einrichtungen auf der Tagesordnung stehen.

Zu den Standardangeboten zählen Hospitationen, Familientage, Feste und Angebote für Erwachsene und Kinder sowie Hilfe bei Erziehungsfragen. Mütter und Väter erhalten über Pinnwände Informationen zur eigenen Arbeit und zu Angeboten anderer Organisationen, manchmal ist ein Beschwerdekasten eingerichtet.

In den von uns besuchten Einrichtungen gibt es: Bildungsangebote für Mütter und Väter (Elternführerschein, Lernwerkstatt, Elternbildungsprogramme zur Sprachförderung wie z. B. Opstapje, berufliche Qualifizierung für Frauen), Maßnahmen zur Einbindung von Müttern und Vätern (z. B. Rollenspiele für Mütter und Mitmachangebote als Freizeit-, Bildungsangebot für Mütter und Väter, die den Alltag der Kinder in der Einrichtung erleben möchten; Reflexion kindlicher Entwicklung in Videotrainings, im Garten der Sinne, anhand des Baums der Erkenntnis, in Kreativtrainings sowie Gesundheit nach Kneipp). Darüber hinaus werden Treffpunkte, Müttergruppen oder Eltern-Cafés konzipiert und durchgeführt (zum Angebotsspektrum vgl. Angelika Diller 2010, 144).

Es gehört zu den traditionellen Aufgaben der pädagogischen Fachkräfte, Erziehungsauffälligkeiten, Probleme und Defizite der Kinder in den Blick zu nehmen und entsprechende Fördermaßnahmen vorzuschlagen oder einzuleiten. Im Praxisalltag stehen „struktur- und bildungsbenach-teilige"[1] Familien häufig im Fokus der (sozial-) pädagogischen Aufmerksamkeit. In jüngerer Zeit wird die Zusammenarbeit mit Beratungsstellen, Jugendhilfeeinrichtungen und den sozialen Diensten (z. B. ASD/KSD) intensiviert, nicht zuletzt unter dem Fokus des „Kinderschutzes" (vgl. § 8a KJHG). Viele Leitungskräfte sehen auch in Familien aus der Mittelschicht einen erhöhten Beratungs- und Unterstützungsbedarf. Von den langjährig erfahrenen Leitungskräften haben wir oft gehört, dass früher als selbstverständlich vorausgesetzte Elternkompetenzen und Kenntnisse über die kindliche Entwicklung in vielen Familien heute nicht mehr ohne weiteres vorhanden sind. Insofern stellen sich Fragen zur Elterneinbindung und Beratung unabhängig vom kulturellen Hintergrund und Milieu. Die öffentliche Aufmerksamkeit richtet sich demgegenüber häufig auf sogenannte „Problemfamilien" mit oder

---

[1] Wir weisen darauf hin, dass mit Zuschreibungen wie „bildungsfern" oder „bildungsbenachteiligt" Stigmatisierungen und Diskriminierungen einhergehen (können). Wir plädieren daher für einen kritisch-reflexiven Umgang mit Kategorisierungen dieser Art und setzen derartige Begriffe in Anführungszeichen.

ohne Migrationshintergrund. Nicht selten führen unzureichende Verständigungsmöglichkeiten zu Missverständnissen oder zu Verallgemeinerungen, die kulturbedingte Unterschiede herausstellen. Oftmals ist die Sicht auf „die Fremden" von der eigenen Erfahrungswelt geprägt, bleibt dabei jedoch unreflektiert. Auf dem Weg zu einer veränderten Zusammenarbeit von Kindertageseinrichtungen und Familien (vgl. Peter Cloos, Britta Karner 2010, 169ff.) werden die Fachkräfte weitgehend allein gelassen, weil die empirisch abgesicherte Handlungsbasis zur Zusammenarbeit mit Müttern und Vätern von den Realitäten des Praxisalltags mit seinen vielfältigen Handlungszwängen überholt wird. Eine begriffliche Klarheit über die in Praxis und Literatur verwendeten Bezeichnungen ist bisher unzureichend hergestellt (zu „Erziehungspartnerschaft" und „Elternbildung" vgl. ebd., 176 ff.).

Wir gehen davon aus, dass gelingende Dialoge eine wesentliche Grundlage für die Bewältigung der alltäglichen Herausforderungen des Berufes bilden. In unserer Forschung haben wir ein Spannungsfeld festgestellt, in dem die Berufstätigen agieren und auf das sie reagieren. Es reicht von einer aufmerksamen Sorge um die Entwicklung der Kinder, die eine enge Zusammenarbeit mit Müttern und Vätern einbezieht, bis hin zur Kooperation mit den Stellen, die als Kontrollinstanzen zum Schutz von Kindern eingesetzt sind (z. B. Gewaltprävention). Wie kann die Zusammenarbeit mit Erwachsenen aus vielfältigen kulturellen Zusammenhängen unter Berücksichtigung dieser Gegebenheiten gestaltet werden?

Auf die besonderen Erfordernisse der doppelten Beauftragung pädagogischer Fachkräfte gehen wir im zweiten Kapitel unter dem Aspekt der Vertrauensbildung ein. Im dritten Kapitel stellen wir ausgewählte Handlungsprinzipien vor, die erfolgreiche Zugänge zu den sogenannten „schwer erreichbaren" Familien mit Migrationshintergrund ermöglichen. In einer „Checkliste" finden sich Fragen zur Reflexion der eigenen Arbeit und Hinweise auf mögliche „Stolpersteine". Das vierte Kapitel beschäftigt sich mit den spezifischen Bedingungen des ländlichen Bereichs und den Besonderheiten, die sich daraus ergeben.

Es hat uns besonders interessiert, inwieweit geschlechterbezogene Fragen beachtenswert sind. Daher befassen wir uns im ersten Kapitel damit.

Arbeitshilfe für die Praxis

Diese Broschüre ist kein „klassischer" Forschungsbericht. Sie ist als Arbeitshilfe für die Praxis gedacht. Entsprechend muss sie nicht notwendigerweise im Ganzen gelesen werden. Die Kapitel sind so aufgebaut, dass sie auch einzeln bzw. in beliebiger Reihenfolge lesbar sind. Dies unterstützen Querverweise in jeweils andere Kapitel, die bei Bedarf eine Konkretisierung oder Vertiefung ermöglichen. Die Checklisten am Ende der Kapitel 1-3 können zur gezielten Praxisreflexion genutzt werden.

Anonymität und Datenschutz

Die hier präsentierten Forschungsergebnisse beziehen sich überwiegend auf die Gespräche, die wir in niedersächsischen Einrichtungen geführt haben. Wir haben die Erfahrungen der Leitungskräfte zusammengefasst und die Ergebnisse in zwei Gruppendiskussionen mit Müttern, Leiterinnen aus Kindertageseinrichtungen, Fachberaterinnen, Koordinierungsfachkräften, Vertreterinnen und Vertretern der kooperierenden Organisationen sowie Fachleuten aus Fachschul- und Fachhochschulebene vertieft. Aus Gründen der Anonymität und des Datenschutzes wurden einige Darstellungen deshalb teilweise exemplarisch verdichtet

bzw. verfremdet. Wenn wir von „Einrichtungen" sprechen sind damit Kindergärten, Kindertagesstätten, Familienzentren oder Eltern-Kind-Zentren und Mehrgenerationenhäuser gemeint. Zitate haben wir durch eine kursive Schreibweise kenntlich gemacht.

„Familien" – „Eltern" – „Mütter und Väter"? Zum Umgang mit Begriffen

Wir sprechen an vielen Stellen gezielt von Müttern und Vätern statt von Eltern. Damit wollen wir die Individuen auch in ihrer Geschlechtlichkeit sichtbar machen. Oftmals geht es in der Arbeit mit „Eltern" nämlich um die Arbeit mit Frauen/Müttern. Spricht man dennoch verallgemeinernd von Eltern, bleiben geschlechtspezifische Zuschreibungen und Machtverhältnisse unterbelichtet. Auch der Familienbegriff verschleiert oftmals reale Macht- und andere Verhältnisse und personelle wie geschlechtsbezogene Konstellationen, denn „die" Familie gibt es nicht (vgl. Barbara Ketelhut 2003). Galt bis vor wenigen Jahren noch die so genannte Kernfamilie (verheiratete Eltern mit ein oder zwei Kindern) als typisch, so wird Familie heute in einer Vielzahl von Konstellationen gelebt (vgl. World Vision Deutschland e. V.). Unter „Familie" wird hier und im Folgenden eine Lebensform verstanden, die alle Personen umfasst, die in einem Haushalt zusammen leben (vgl. ebd., 68). Die in der Praxis geläufigen Bezeichnungen „Erziehungspartnerschaft" oder „Elternbildung" verwenden wir als Lesehilfe. Wir erläutern jeweils die empirisch erkundeten Sachverhalte.

Im ersten Kapitel stellen wir Ergebnisse vor, die sich mit der Frage beschäftigen, inwiefern sich traditionelle Vorstellungen und Geschlechterbilder in der alltäglichen Praxis bemerkbar machen. Unsere Forschung hat gezeigt, dass hier ein hoher Reflexionsbedarf besteht. Deshalb haben wir die Aspekte geschlechtergerechter Arbeit an den Anfang unserer Broschüre gestellt. Ein Schwerpunkt liegt hierbei auf Fragen der Zugänge zu Vätern.

1 Besonderheiten von Frauen und Männern herausfinden

In Kindertageseinrichtungen und Fachgremien wird diskutiert, mit welchen Konzepten Mütter und Väter angesprochen und als verantwortlich Erziehende stärker in die Arbeit der Einrichtungen einbezogen werden können. Es wird nach Erklärungen gesucht, warum es so schwierig ist, Väter für die Anliegen der Kindertageseinrichtungen zu begeistern oder Mütter mit Migrationshintergrund zu beteiligen. Meist wird auf stereotype Rollenbilder und traditionelle Geschlechterhierarchien verwiesen, die in Familien aus traditionell orientierten Religionsgemeinschaften mit Migrationshintergrund häufiger als in säkular orientierten deutschen Familien anzutreffen seien. Neuere Untersuchungen belegen jedoch, dass Annahmen über Geschlechterdifferenzen nicht nach Migrationshintergrund unterschieden werden können. Es zeigt sich beispielsweise, dass Männer und Frauen mit und ohne Migrationshintergrund eine Berufstätigkeit von Müttern befürworten (vgl. Bertelsmann 2010, 14f.).

Allerdings meinen mehr als die Hälfte der Befragten mit und ohne Migrationshintergrund, dass Mütter die beruflichen Ziele zum Wohl der Kinder zurückstellen sollen, um mehr Zeit für Familie und Kinder zu haben (ebd., 7). Ohne die Differenzierung nach Migrationshintergrund sagen Eltern mit Kindern im Alter von 0-17 Jahren, dass Mütter die Hauptarbeit der Erziehung tragen (68 Prozent). Väter tragen zu zwei Prozent die Hauptarbeit und geteilt wird die Erziehung in 30 Prozent der Familien (vgl. Tanja Merkle und Carsten Wippermann 2008, 46 nach Sinus Sociovision 2007). Demnach ist der Frauenalltag von geschlechterdifferenzierenden Anforderungen bestimmt, die den Idealen traditioneller Vorstellungen von Weiblichkeit und Männlichkeit entsprechen. Erkenntnisse der Frauen- und Geschlechterforschung bieten empirisch begründete Aussagen zur impliziten Wirkung vorherrschender Normen und Werte im Geschlechterverhältnis und in Migrationszusammenhängen (vgl. Birgit Rommelspacher 1995). Vor diesem Hintergrund wird deutlich, dass konzeptionelle Überlegungen zu kurz greifen wenn sie einseitig auf Mütter mit Migrationshintergrund abzielen. Vielmehr ist zu prüfen, inwiefern geschlechterdifferenzierende Perspektiven gewinnbringend sind, die Frauen *und* Männer als verantwortlich Erziehende einbeziehen. Im Folgenden stellen wir Ergebnisse unserer Forschung vor.

1.1 Der Alltag von Müttern ist problembelastet

Die in der Untersuchung befragten Leiterinnen beziehen sich häufig auf ihren eigenen Erfahrungshintergrund als Mütter. Einige frauenpolitisch interessierte Leitungskräfte beschreiben Frauen als mehrfach Belastete, die beispielsweise als Alleinerziehende oder als im ländlichen Bereich lebende Mütter ihre Kinder erziehen und so gut wie möglich fördern. Dazu heißt es:

> *Hier auf dem Land gibt es für die Dreijährigen lediglich im Nachbarort ein kindgerechtes Sportangebot. Interessierte Mütter haben sich gefragt: Wie komme ich da hin? Da fährt der Bus zweimal am Tag. Ich kann nicht morgens hinfahren, weil ich nachmittags mit meinem Kind an einer dreiviertel Stunde Sport teilnehme.*

Betroffene Mütter haben die Wahl zwischen langen Wartezeiten und der Suche nach alternativen Fahrmöglichkeiten (vgl. Kapitel 4.4.) Sie können sich ehrenamtlich engagieren und versuchen ein eigenes Sportangebot vor Ort zu organisieren oder sie fördern die sportlichen Fähigkeiten ihrer Kinder nicht. In jedem Fall sind sie gezwungen, sich mit den Problemen fehlender Infrastruktur auseinander zu setzen. Unter Berücksichtigung der tatsächlichen Rahmenbedingungen ist der Alltag dieser Mütter (im Einzelfall sind es Väter) als problembelastet zu bezeichnen.

Die unter erschwerten Bedingungen zu bewältigenden alltäglichen Arbeiten sind im Frauenleben sichtbar. Sie können aus der Außenperspektive unterschiedlich interpretiert werden. Diese Interpretationen verbleiben oft im Individuellen und vernachlässigen damit die Rahmenbedingungen und die den Frauenalltag regulierenden Ordnungen. Diese sind als implizit wirksame Herrschaftsverhältnisse nicht offensichtlich und schnell in den alltäglichen Handlungen erfassbar (vgl. Dorothy Smith 1998). Aus der individuell interpretierenden Perspektive, die wir auch bei Leitungskräften vorgefunden haben, erscheinen Frauen in ihren alltäglichen Handlungen beispielsweise als sehr engagiert und tatkräftig oder sie werden als zurückgezogen, ängstlich und erschöpft wahrgenommen. Insofern ergibt sich ein implizit defizitärer Blick, der von vorne herein Zweifel an den Kompetenzen der Frauen mit sich bringen kann. Bei unzureichenden Deutschkenntnissen und Verständigungsproblemen der Mütter verstärkt sich das abwertende Prinzip in der Wahrnehmung von außen.

1.2 Väter vorwiegend in ihren Stärken wahrnehmen?

Aus der Sicht der Leiterinnen übernehmen Väter gerne praktische Arbeiten und Aufgaben, die den traditionellen Rollenerwartungen entsprechen. Leiterinnen erzählen, dass Väter Kontakte zu sozialpolitischen Entscheidungsebenen am Ort herstellen oder Fachkompetenzen einbringen (z. B. handwerkliche Tätigkeiten, juristische Beratung, Hilfe bei Übersetzungen). Sie werden auch als fürsorgliche Väter wahrgenommen, die ihre Kinder in die Einrichtung bringen oder abholen, sich an Elternabenden und an Gesprächen beteiligen. In einer Gruppendiskussion wird von einem Vätertreff in einem Familienzentrum berichtet, der gut angenommen wird.

Über die Interessen der Väter heißt es:

Väter wollen auch gerne politische Themen diskutieren.

Die Ansprache der Väter, die bei Problemen als Kontaktpersonen für Erziehung und Bildung ihrer Kinder gewonnen werden sollen, erscheint aufwändiger. Die Männer werden als kritischer beschrieben. Leitungskräfte berichten, dass ihre Kompetenzen von Vätern stärker hinterfragt werden als von Müttern. Eine Kontaktaufnahme über Freizeitangebote (z. B. PC, Fußball) gelingt nicht immer. In einem Fall haben sich Vater-Kind-Vormittage bewährt, deren Inhalte die Neigungen und ausgesprochene Interessen der Väter berücksichtigen.

Erfolgskriterien für die Gestaltung von Projekten lassen sich auf Basis der Untersuchungen nicht ableiten. Erfahrungen aus der Männerarbeit zeigen, wie wichtig vertrauensbildende Maßnahmen sind, die an den Stärken ansetzen (vgl. www.vaeter.de).

Von den Befragten der unterschiedlichen Praxis- und Entscheidungsebenen werden Geschlechterrollenzuschreibungen eher nicht hinterfragt und stattdessen als gegeben für die Zusammenarbeit mit Vätern gesehen. Es fällt auf, dass die Leitungskräfte Väter nicht in defizitären Kategorien (z. B. als schwach oder inkompetent), sondern tendenziell ressourcenorientiert beschreiben. In den Interviews erscheinen Väter als Menschen, die ihre praktischen oder kommunikativen Stärken mehr oder weniger einbringen. Die Rollenzuschreibung führt, anders als bei den Müttern, nicht zu einer abwertenden Einschätzung. An dieser Stelle können Praxisfragen formuliert werden: Wie können Fachkräfte geschult werden, damit sie die ressourcenorientierte Wahrnehmung bei Frauen und Männer trainieren? Welche Rahmenbedingungen sind erforderlich?

1.3 Mütter überwiegend mit ihren Kenntnislücken wahrnehmen?

In der Untersuchung hat sich gezeigt, dass Mütter ohne Differenzierung nach Sprachhintergrund oder Kulturzugehörigkeit als Menschen wahrgenommen werden, denen Erziehungsfragen in besonderer Weise nahezulegen sind. Meist sind es die Mütter, die von Fachkräften der Kindertageseinrichtungen in Erziehungsfragen angesprochen und denen Beratungsangebote offeriert werden.

Da hat sich eine Elterninitiative gegründet, die begleitend berät. Wir empfehlen den Müttern: Gehen Sie dort hin! Wir haben einen Ordner und können den Müttern das Programm zeigen.

Auch die in den Einrichtungen konzipierten Angebote zur Elternbildung orientieren sich häufig an Kenntnislücken oder unzureichenden Fähigkeiten von Müttern. Sie sollen der Stärkung persönlicher, erzieherischer und beruflicher Kompetenzen dienen (vgl. Elsbeth Krieg, Birgit Meining, Simone Wustrack 2010, 61ff.). Mütter werden in ihrer Rolle als Verantwortliche für die Erziehung der Kinder angesprochen, gleichzeitig werden ihre Erziehungskompetenzen in Frage gestellt. Die Vergesellschaftung von Frauen in ihrer Funktion als erziehende Mütter lässt den solchermaßen angesprochen Frauen wenig Raum für die Entwicklung eigener Ziele und Perspektiven.

Die Einschätzung der Leitungskräfte, dass Elternkompetenzen in allen Bevölkerungsgruppen fehlen können (vgl. Einleitung), korrespondiert mit dem Zuschnitt von Förderprogrammen und Finanzierungsrichtlinien, die durch eine Zuspitzung auf Mütter oder Mütter mit Migrationshintergrund hin charakterisiert werden können. Nur vereinzelte Projekte richten sich ohne die Spezifizierungen

„Migration" oder „Integration" gleichermaßen an Mütter und Väter (vgl. hierzu ein neues Projekt des BMFSFJ: „Elternchance ist Kinderchance", Ausbildung zu Elternbegleitern). Unter dem Stichwort Sprachförderung werden Programme wie „Hippy", „Opstapje" oder „Rucksack" eingesetzt, die Mütter mit Migrationshintergrund ansprechen. Die aktivierenden, Zugang zu Bildungseinrichtungen eröffnenden Impulse dieser Programme können nicht hoch genug eingeschätzt werden (vgl. Lüters/ Romppel 2009). Auf der anderen Seite muss kritisch gefragt werden, inwieweit sie dazu beitragen Lernmodelle zu stärken, die an hierarchische Lernformen anknüpfen und leistungsorientierte Maßstäbe setzen (Elsbeth Krieg, Birgit Meinig, Simone Wustrack 2010, 78).

Insgesamt ist danach zu fragen wie es gelingen kann Kommunikationsprozesse zu gestalten, die gegenseitiges Lernen im interkulturellen Dialog ermöglichen (vgl. Kapitel 4.4). Es muss auch gefragt werden, welche Formen der Bildung Müttern angeboten bekommen und ob diese dazu geeignet sind, die Partizipation der Frauen im öffentlichen Leben tatsächlich zu ermöglichen oder zu erweitern.

1.4 Frauen in traditionell weiblicher Arbeit bestärken?

Unsere Forschung hat gezeigt, dass in den befragten ländlichen und städtischen Einrichtungen eher selten mit den oben genannten Programmen gearbeitet wird. In der Zusammenarbeit mit Müttern setzen die Leitungskräfte auf einrichtungsbezogene oder trägerspezifische Ansätze. In den Konzepten wird häufig an traditionelle Rollenteilungsmodelle angeknüpft. Die als Stärken der Frauen wahrgenommen hausfraulichen Kompetenzen werden genutzt um Mütter für erzieherische Themen zu sensibilisieren. Wie auch in großstädtischen Kontexten gehört es zum Standard der hier untersuchten Kindertageseinrichtungen, Mütter (einzelne Väter) über Kochen, Backen oder Schneidern anzusprechen oder sie beim Vorlesen zu beteiligen. Auf Basis des entstandenen Vertrauens werden daran anknüpfend Angebote entwickelt, die den Müttern (manchmal den Vätern) Erziehungsfragen oder kindbezogene Fördermaßnahmen näher bringen sollen:

Mit dem Frauenfrühstück sprechen wir Mütter an, die dann bereit sind mitzuarbeiten, es kulinarisch zu bereichern.

Es ist so, dass wir ein Projekt gestartet haben, in dem Frauen ihre Kompetenzen für Familie und Kinder erweitern können.

Einige Einrichtungen haben Qualifizierungsangebote zur hauswirtschaftlichen Helferin installiert oder Mütter als Familienbegleiterin fortgebildet. Andere starten Projekte, um Frauen Zugänge zu weiterführenden Qualifizierungen bis hin zur Einmündung in duale Ausbildungszweige zu eröffnen. Es gelingt den Fachkräften, Kontakte zu den Frauen herzustellen und sie in ihrer mütterlichen Funktion anzusprechen. Die motivierten Leitungskräfte berichten von ihren Erfolgen. Als ideenreiche, sich für ihre Ziele einsetzende Frauen sind sie jedoch in einem gesellschaftlichen Dilemma (Widerspruch) gefangen. Einerseits verhelfen sie den solchermaßen wertgeschätzten Müttern zu mehr Anerkennung und eröffnen ihnen Wege in Beschäftigungsfelder außerhalb des eigenen Haushalts. Auf der anderen Seite tragen sie dazu bei, Frauen als nicht bezahlte Erziehungsverantwortliche zu bestärken oder sie in prekär entlohnte Frauenarbeit einzubinden.

Ich hatte von Maßnahmen des Arbeitsamtes gelesen und mich gefragt, warum unterstützen wir nicht auch die Frauen? So ist diese Maßnahme entstanden. Die Frauen lernen hier kochen, backen, nähen, sauber machen, mit Kindern umgehen.

Neue Statistiken zeigen, dass sich Konkurrenzen zwischen deutschen Frauen und Migrantinnen aufbauen können. In der Erwerbsbeteiligung liegen Mütter mit eigenem Migrationshintergrund siebzehn Prozent hinter allen erwerbstätigen Müttern zurück (22 Prozent hinter Müttern ohne Migrationshintergrund, vgl. BMFSFJ 2010, Dossier, 57). Der Blick auf die Verteilung nach Tätigkeitsbereichen zeigt, dass Mütter mit und ohne Migrationshintergrund zu zirka einem Drittel im Dienstleistungsbereich arbeiten und zu ungefähr einem Viertel im Bereich Gesundheit, Veterinäres, Sozialwesen, Erziehung und Unterricht beschäftigt sind (vgl. ebd. 63). Nach wie vor konzentrieren sich die den Müttern zur Verfügung stehenden Arbeitsplätze auf wenige (Dienstleistungs-)Bereiche. Entsprechende Verdrängungsmechanismen im Leistungswettbewerb des Niedriglohnsektors könnten die Folge sein. Mütter mit und ohne Migrationshintergrund sind gleichermaßen von Lohndumping bedroht. Sie arbeiten zu mittleren Nettostundenlöhnen, die niedriger als 8,00 € sind (vgl. ebd. 60). Ihr mittleres Nettoeinkommen entspricht knapp der Hälfte des Lohns von Vätern mit Migrationshintergrund und zirka 40 Prozent des Verdienstes deutscher Väter (vgl. ebd. 53ff.). Insofern unterliegen Mütter mit und ohne Migrationshintergrund den gesellschaftlichen, männlich dominierten Strukturen, die Frauen den Zugang zu vielen Bereichen der Gesellschaft verwehren und ihnen Macht und Einfluss vorenthalten.

1.5 Fähigkeiten von Müttern entdecken

Unsere Forschung hat gezeigt, dass es in den Kindertageseinrichtungen gelingt, mit Müttern in Kontakt zu treten und Vertrauen aufzubauen (über Gesprächsangebote, in Projekten, durch Serviceleistungen). In vielen Einrichtungen wird jedoch deutlich, dass Beziehungen zwischen den Kommunizierenden hierarchisch geprägt sind. In den Schilderungen treten die pädagogischen Fachkräfte eher als Lehrende auf. Mütter werden häufig als Lernende beschrieben. Beispielsweise werden Mütter eingeladen, mit den Kindern zu spielen oder an den kindlichen Rollenspielen teilzunehmen, damit sie das Leben ihrer Kinder kennenlernen und Einblick in pädagogische Arbeitsweisen erhalten. Die pädagogisch begründete Vorgehensweise

zielt auf Alltagserleben im Handlungsvollzug und nicht auf die sonst unter Erwachsenen übliche verbale Kommunikation. Einerseits werden auf diese Weise gemeinsame Erlebniswelten geschaffen und es wird Vertrauen aufgebaut. Andererseits zeigt die Forschung, dass unzureichende verbale Verständigungsmöglichkeiten oder andere Gründe (fehlende Zeit für Gespräche) dazu führen, besondere Fähigkeiten von Frauen zu übersehen (vgl. Kapitel 5). Aus einer Einrichtung, die sich als Familienzentrum aufgestellt hat, heißt es:

Wir haben viele Jahre mit einer Mutter im Kindergarten zusammen gearbeitet. In der Zeit haben wir nicht gewusst, wie künstlerisch begabt sie ist.

Fragen zum methodischen Handeln und zu den Rahmenbedingungen stellen sich daher für interkulturelle Dialoge in besonderer Weise.

1.6 Geschlechtersensibel arbeiten

Beschreibungen zu partnerschaftlichen Kommunikations- und Arbeitsteilungsformen haben wir nicht so oft gehört. Aus mehreren Kindertageseinrichtungen wird berichtet, dass die häusliche Lebenswelt von Migrantinnen und Migranten und von Familien in die Arbeit einbezogen wird. Aus einer Stadt heißt es in diesem Zusammenhang:

Dass wir uns über kulturelle Hintergründe (informieren, d. V.). Dass wir in den Familien fragen: Wie sieht es denn aus? Wir setzen bei der Familie an, erkundigen uns nach ihren Werten und Normen.

Eine Teilnehmerin einer Gruppendiskussion hat berichtet, dass über lockere Kontakte zu den Müttern Zugänge zu ihren Familien eingeleitet werden konnten. Daran anknüpfend haben zwei bis drei Treffen mit den Vätern stattgefunden. Auf dieser Basis wiederum ist dann ein Gruppenangebot für Frauen entwickelt worden. Dazu heißt es:

Die Frauen treffen sich jetzt in einem Raum in der Kita. Das hat dazu geführt, dass die Kinder schon mit drei Jahren und nicht erst wie früher mit fünf angemeldet werden.

Hier wird deutlich, dass Zugangswege zu Familien mit traditionell verteilten Geschlechterrollen über die Einbeziehung der Männer gestaltet werden und dass sich die Anforderungen an Frauen richten (vgl. Barbara Thiessen 2009).

Eine Arbeitshaltung, die die Interessen der *Familien* einbeziehen will kann dann problematisch sein, wenn Bedürfnisse der dort lebenden Erwachsenen einseitig zu Gunsten von Frauen oder Männern vernachlässigt werden. Aus der Frauenforschung und der Geschlechterfragen einbeziehenden Migrationsforschung wissen wir, dass die Interessen der Familien im Widerspruch zu den Interessenlagen von Frauen stehen können. Dann ergeben sich Spannungsfelder. Mütter erscheinen nicht mehr beim Müttercafé oder die Familie zieht sich zurück. Das heißt nicht, dass die Zusammenarbeit mit den Familien vernachlässigt werden soll. Vielmehr zeigt sich, wie differenziert die jeweiligen Interessen der einzelnen Familienmitglieder wahrgenommen und erfragt werden müssen (vgl. Kapitel 2 und 3). Gruppenangebote für Mütter sind sinnvoll, weil sie Wege in die Familie eröffnen. Hinterfragt werden muss eine unkritische Haltung, die sich an Frauen als Hauptverantwortliche für Erziehungsfragen richtet und die einen impliziten Bildungsauftrag an Mütter beinhaltet, ohne deren Kenntnisse und Fähigkeiten angemessen zu würdigen.

Geschlechtersensible Arbeit ist gleichermaßen personen-, familien- und lebensweltbezogen. Fachkräfte, die mit Menschen aus unterschiedlichen kulturellen Zusammenhängen arbeiten, sind gezwungen, genau zu analysieren und aufmerksam zu kommunizieren, um Verallgemeinerungen und Zuschreibungen zu vermeiden. Öffentliche Debatten konzentrieren sich auf berufstätige Frauen und arbeitende Mütter, weil diese in den Kindertagesstätten sichtbar werden. Vielleicht ist es hilfreich, sich mehr mit den unentdeckten bzw. ignorierten Stärken, Fähigkeiten, Interessen und Bedürfnissen von Müttern zu beschäftigen? Es kann auch überlegt werden, wie erzieherische Fähigkeiten von Vätern hinterfragt werden? Welche geschlechtsspezifischen Angebote sind sinnvoll? Inwiefern können Prozesse angestoßen werden, die interkulturelle Dialoge und Erfahrungsaustausch zwischen Frauen und Männern fördern? Inwieweit können die überwiegend weiblichen pädagogischen Fachkräfte durch Väterschulungen und Angebote für Männer entlastet werden, die außerhalb der Kindertageseinrichtungen angesiedelt sind? Wie müssen Rahmenbedingungen unter den jeweiligen lokalen Gegebenheiten ausgebaut werden?

Wir haben an dieser Stelle einen Fragenkatalog zusammengestellt, mit dem die Einrichtungen prüfen können, ob und wie sie die Zusammenarbeit mit Müttern und Vätern ausbauen bzw. verändern können. Die Arbeit mit Vätern steht dabei im Mittelpunkt.

 ## Zielüberprüfung und Profilbildung

- Strebt Ihre Einrichtung/Trägerschaft ein geschlechtersensibles Profil an?
- Nützt es der Einrichtung, wenn sie sich als Bildungseinrichtung für Mütter und Väter profiliert?
- Was kann Ihre Einrichtung unter den vor Ort gegebenen Rahmenbedingungen leisten?
- Welche Formen der Vertrauensbildung und Zusammenarbeit mit Müttern und Vätern sollen gewählt werden (Kontakt über Gespräche in den Einrichtungen, über zugehende Arbeit, über Freizeit- und Bildungsangebote in oder außerhalb der Einrichtungen)?

Checkliste für die Arbeit mit Vätern

Wir empfehlen den Einrichtungen, ihre Ziele und Angebote für die Zusammenarbeit mit Vätern als Kontaktpersonen für Erziehung und Bildung zu prüfen. Die folgenden Fragen unterstützen Sie bei Ihren konzeptionellen Entwicklungen.

Gespräche mit Vätern

- Inwieweit ist es für die eigene Einrichtung hilfreich, Väter in die praktische Arbeit einzubeziehen, um Kontakte herzustellen und Vertrauen aufzubauen?
- Inwieweit erfordert es die Entwicklung des Kindes, Väter als elterliche Erzieher anzusprechen?
- Welche persönlichen Stärken oder Kenntnislücken der Väter können thematisiert werden?
- Inwieweit können Gespräche mit Vätern in konkrete Handlungsvollzüge eingebunden werden (Tür-und-Angelgespräche beim Bringen und Holen, bei Festen, u. v. m.)?
- Bezieht sich die Einbindung der Väter insgesamt auf eine nebenbei betriebene Gesprächsführung? Welche Themen, Probleme und Fragen bleiben dann ausgespart?

- Kann die verbale Reflexionsarbeit über Erziehungsfragen und Probleme von weiblichen Fachkräften geleistet werden? Werden sie von den Vätern anerkannt oder äußern diese Kritik und stellen die Fachkompetenz in Frage?
- Muss die Männerquote des pädagogischen Personals erhöht werden? Wenn ja, wie?
- Welche anderen Einrichtungen sind für Problemgespräche und Beratung zuständig?
- Welche professionell tätigen Männer können dort angesprochen werden?

Zugehende Arbeit

- Welche Organisationen und Personen gibt es, die Kontakte zu Vätern haben?
- Welche Einrichtung/ Trägerschaft ist für die zugehende Arbeit geeignet?
- Gibt es im ländlichen Bereich Organisationen oder Personen, die Väter- oder Männerarbeit leisten (z. B. Vereine, Selbsthilfegruppen, Religionsgemeinschaften)?
- An welchen Orten halten sich Väter auf?
- Welcher Mann kann Väter dort ansprechen (z. B. Vereine, Religionsgemeinschaften, Streetworker)?

- In welchen Situationen unterhalten sich Männer über die Entwicklung ihrer Kinder und über Erziehungsfragen (z. B. in der Bahn, beim Einkaufen, auf dem Spielplatz)?

Freizeit- und Bildungsangebote

- Welche Träger bieten Freizeit- und Bildungsangebote zu Erziehungsthemen für Väter an?
- Wie können diese Erfahrungen genutzt werden? Können Kooperationen aufgebaut werden?
- Wie werden Interessen und Wünsche von Vätern erkundet und geprüft (vgl. Kapitel 3)?
- Sind die benannten Wünsche umsetzbar?
- Gibt es im ländlichen Bereich eine ausreichende Anzahl interessierter Männer?
- Inwieweit können Potenziale von Männern genutzt werden, ohne einzelne Väter zu überlasten?

2 Vertrauen aufbauen und gestalten. Sind Eltern „schwer erreichbar"?

Elternarbeit ist ein großes Thema in allen Einrichtungen. Wie gelingt es, Zugänge zu Müttern und Vätern zu finden, ihr Vertrauen zu gewinnen und sie darüber hinaus – punktuell oder kontinuierlich – in den Alltag der Kindertageseinrichtungen einzubinden? Immer wieder sind wir in unseren Interviews auf die Einschätzung gestoßen, eine Zusammenarbeit mit Eltern – insbesondere mit Müttern und Vätern, die als „schwer erreichbar" eingestuft werden – sei herausfordernd und im Alltag oftmals mühsam.

Wir konnten zahlreiche Ansatzpunkte für gelingende Zugänge zu Müttern und Vätern herausarbeiten (vgl. Kapitel 4). Wechselseitiges Vertrauen ist hier ein Schlüssel. Es kann als Fundament für die Elternarbeit, insbesondere auch für die Zusammenarbeit mit Müttern und Vätern mit Migrationshintergrund, bezeichnet werden. Unsere forschenden Einblicke bestätigen: Neben den Fragen der Methoden und Kenntnisse sind es Fragen der Haltung und des Menschenbildes, die eine respektvolle Zusammenar-

beit ermöglichen (vgl. auch Altan u. a. 2009, 11ff.). Ein breites und zugleich differenziertes Wissen über die vielfältigen Lebenswirklichkeiten der Familien ist hier ein wichtiger Ausgangspunkt. Die Einrichtungen verfolgen eine Fülle von Ansätzen, mit denen sie eine möglichst große Nähe zu den Lebensrealitäten der Familien herstellen und Mütter wie Väter in ihrer Individualität ansprechen können. Sie sind so verschiedenartig wie die einzelnen Familienmitglieder, so unterschiedlich wie die jeweils gelebten Familienmodelle und Erziehungsstile. Aus den Interviews haben wir konzeptionelle Hinweise erarbeitet, mit denen die Verschiedenheiten in den Blick genommen werden können.

2.1 Grundsteine für Vertrauen legen

Bereits der erste Kontakt zwischen Kindertageseinrichtungen und Eltern ist von hoher Bedeutung für die künftige Zusammenarbeit. Viele Einrichtungen legen daher Wert auf Erstkontakte und eine offene Atmosphäre. Ob das die Anmeldesituation ist, eine Hospitation interessierter Eltern in der Einrichtung oder ein erstes Gespräch auf einem

Info-Abend: Die hohe Bedeutung dieser Situation ist den Fachkräften bewusst.

Das ist der erste Kontakt. Wo wir hoffen oder einfach auch mitbekommen, dass die Eltern sich ernst genommen fühlen.

Wenn Mütter und Väter sich ernst genommen fühlen - mit ihren Fragen, ihren Wünschen und Erwartungen aber auch mit ihren Sorgen oder Ängsten – sind die ersten Hürden genommen und entscheidende Grundsteine für die künftige Zusammenarbeit gelegt.
Hier konnten wir die folgenden Prinzipien herausarbeiten.

2.1.1 Neugier und Offenheit: Eltern willkommen heißen!

Kein Kind kommt allein in die Kita. Immer hat es seine Familie *im Gepäck.* Es ist also entscheidend, die Familien – Mütter, Väter, Geschwister, Verwandte, und letztlich auch die weiteren Netzwerke (dazu gehören z. B. Logopäden, Therapeuten, Schulen usw.) so intensiv wie möglich kennen zu lernen. Denn Eltern gelten nicht nur formal als die *ersten Erzieher* ihrer Kinder (Lepenies 2005, 16, vgl. auch Art. 6 GG), sondern sie verfügen ganz konkret über ein

breites Wissen über Besonderheiten ihrer Kinder und ihrer familiären Situation. Nur wenn diese den Fachkräften bekannt sind, wird es möglich, an die Lebensweisen und Lebenswirklichkeiten (pädagogisch) anzudocken (vgl. Joachim Barloschky, Anne Knauf, Maren Schreier 2006). Auch dies ist ein Haltungsaspekt, der sich durch Offenheit und Neugier zeigt:

Was für uns einfach wichtig ist, dass wir eine neugierige Haltung haben. Dass wir sagen: ,Das finden wir total spannend, wie Sie zu Hause leben und was Ihnen wichtig ist und wie Sie ihre Kinder erziehen. Erzählen Sie einfach mehr von sich.' Also ganz offen.

Fachkräfte signalisieren auf unterschiedliche Weise ihr grundsätzliches Interesse am Gegenüber, und dabei sammeln sie bereits gezielt wichtige Informationen über die Lebenssituation und die Bedürfnisse der Eltern:

Ich befrage sie (die Eltern, d. V.) über ihr Land. Ich bin interessiert daran. Also auch nach der Religion, z. B. ob es irgendetwas Wichtiges gibt, das ich wissen muss. Und dann überlege ich, wie wir das hinkriegen. Wie wir uns darauf einstellen, dass es Menschen gibt, die anders leben.

Wir sind auf vielfältige Beispiele gestoßen, in denen diese Haltung im Alltag umgesetzt wird. Müttern wie Vätern wird vorurteilsfrei begegnet. Eltern dürfen jederzeit in der Kita hospitieren. Mütter und Väter werden eingeladen, Ausflüge der Gruppe mitzumachen. Pädagogische Fachkräfte und Leiterin setzen sich *in der Abholsituation einfach mal aufs Sofa im Foyer*. Fachkräfte besuchen Familien auch zuhause, machen mit der Gruppe einen Ausflug zum Arbeitsplatz einzelner Eltern, kaufen gemeinsam im Laden eines Vaters ein oder sie begleiten die Eltern und Kinder bei Bedarf zu Arzt- oder Amtsbesuchen. Mütter wie Väter bekommen ein *Was-ist-schön-Tagebuch*, in das sie alle angenehmen, freudigen Momente mit ihrem Kind zuhause eintragen können. In der gemeinsamen Auswertung (mit dem Kind) entstehen intensive Gespräche. Einrichtungen hängen große Plakate in die Flure, auf denen Wünsche eingetragen werden können, durch ein *Ankreuzen im Vorübergehen*.

Deutlich wurde, dass es viele Gelegenheiten gibt Eltern zu signalisieren: ,Ihr seid willkommen! Wir sind neugierig auf euch und freuen uns, euch in unserer Einrichtung zu haben.' Manche Ansätze erfordern eine gute zeitliche Koordination; andere, dazu zählen z. B. auch die Tür- und Angelgespräche in Bring- und Abholsituationen, sind ohne größeren Aufwand in den Alltag integrierbar.

2.1.2 Zeit nehmen und Zeit geben: Wechselseitige Annäherung

Auch wenn es im Arbeitsalltag oftmals schwierig zu bewerkstelligen ist: Dort, wo Einrichtungen sich Zeit nehmen für die ersten Kontakte mit Müttern und Vätern, da gelingen Zugänge sehr viel leichter und nachhaltiger. Eine große Rolle spielen regelmäßige Elterngespräche. Eine Einrichtung nimmt sich z. B. grundsätzlich mindestens eine Stunde Zeit für ein ausführliches Aufnahmegespräch:

Also wenn Eltern ihr Kind anmelden möchten, dann geht es, wenn wir Zeit haben. Wir sagen: In der Regel dauert es eine Stunde, weil wir gerne die Einrichtung in Ruhe zeigen und unser Konzept erklären. Meist machen wir einen extra Termin aus. Dann wissen wir, eine Kollegin hat Zeit und führt die Familie durchs Haus.

Es lohnt sich, diese Zeit *freizuschaufeln*, darin sind sich die Leitungskräfte einig, die entsprechend arbeiten. Denn der erste Schritt hin zu einem vertrauten Miteinander ist das gegenseitige Kennenlernen. Unsere Forschung hat gezeigt, dass es von Seiten der Einrichtung sehr wichtig ist, Mütter wie Väter so früh wie möglich mit den konzeptionellen Besonderheiten der Arbeit vertraut zu machen. Ob es ein systemischer Ansatz ist, eine Kneipp-Kita oder eine Elterninitiative: Wenn Eltern darüber informiert sind und verstehen können wie in der Kita gearbeitet wird, dann sind Anknüpfungspunkte für Kommunikation gelegt. Zugleich können Unsicherheiten, Ängste oder Vorbehalte abgebaut und gegenseitige Erwartungen angesprochen werden.

2.1.3 „Keine Angst vor Eltern"

Mütter und Väter bringen Neues, Fremdes, Ungewohntes in den Alltag der Einrichtung. Viele Eltern mischen sich ein, wollen mitreden, mitentscheiden, fordern Informationen ein. Andere wirken „fremd", vielleicht unnahbar, sie sprechen unterschiedliche Sprachen, orientieren sich an ungewohnten Werten, Erziehungsstilen oder Traditionen. Das ist oftmals eine große Herausforderung für die Fachkräfte, insbesondere vor dem Hintergrund knapper Personal- und Zeitressourcen vieler Einrichtungen. Denn ein

gegenseitiges Annähern braucht umso mehr Zeit, je fremder das Gegenüber zunächst erscheint. Da mag im Alltag ein „Aus-dem-Weg-Gehen" oder die Beschränkung auf kurze Begrüßungs- und Abschiedsformeln die einfachste Wahl sein. Dabei werden jedoch Bedürfnisse und Anliegen der Eltern ignoriert. Letztlich wird der Aufbau von Vertrauen erschwert, wenn nicht sogar verhindert. Auch das ist eine Frage der Haltung:

Nicht Eltern als lästiges Anhängsel der Kinder zu sehen, sondern sie willkommen zu heißen und zu gucken: Sind sie auch (in der Einrichtung, d. V.) angekommen?

Unsere Interviews haben gezeigt: Sich Zeit zu nehmen für die Anliegen der Mütter und Väter bewährt sich auf vielen Ebenen. Immer wieder tun sich dadurch neue Sichtweisen und Möglichkeiten auf, die die Arbeit bereichern, wechselseitige Zugänge und Vertrauen befördern sowie mögliche „Grenzen im Kopf" erweitern können. Gehen Fachkräfte mit diesen Grenzen konstruktiv um, wird ein hohes Maß an Motivation und Optimismus freigesetzt:

Die Frage ist, ob man lernen will. Das ist die Frage, glaube ich. Man kann alles, wenn man will.

2.1.4 Respekt vor Eigensinn und Autonomie: Mütter und Väter als Expertinnen und Experten für das Aufwachsen ihre Kinder

Mütter wie Väter wollen in ihrer Elternrolle ernst genommen werden, nicht zuletzt aber vor allem als Individuen mit je eigenen Bedürfnissen, Interessen, Fähigkeiten und Anliegen. Dieser Annahme liegt ein humanistisches Menschenbild zugrunde, das auf die grundsätzliche Mündigkeit und Eigenständigkeit jedes und jeder Einzelnen aufbaut. Eine solche Haltung konnten wir nicht immer finden in unseren Gesprächen. Oft prägt ein mehr oder weniger stark defizitorientierter, „fürsorgerischer" oder „pädagogisierender" Blick auf Eltern die Arbeit der Fachkräfte. Dies ist insbesondere dann der Fall, wenn die Rede von Müttern und Vätern aus soziokulturell benachteiligten Schichten oder mit Migrationsgeschichte ist und diese Zuordnung in den Vordergrund gestellt wird.

Für eine gelingende Elternarbeit ist jedoch zunächst grundsätzlich davon auszugehen, dass die meisten Eltern das Beste für ihre Kinder wollen (vgl. Benedikt Sturzenhecker u.a. 2009; Regina Riedel; Hartmut Epple 2003; Dieter Reuter-Spanier 2003). Das stellt hohe Anforderungen an die Fachkräfte: Es erfordert Respekt vor dem Eigensinn und der Autonomie von Müttern und Vätern und damit eine grundsätzliche Offenheit für verschiedenartige, teilweise fremd erscheinende Lebensstile und Erziehungsmodelle. Hier sind individuelle Ansätze gefragt und entsprechend erfolgreich (vgl. auch Marina Rupp; Adelheid Smolka 2006, 199). Unsere Gespräche haben gezeigt, dass eine sensible Annäherung ein Erfolgsgarant ist (vgl. auch Maren Schreier 2011). So können Ideen und Einschätzungen der Fachkräfte (z. B. zur Situation des Kindes, zu Verhaltensauffälligkeiten o. ä.) den Eltern ausdrücklich als *Vorschläge* bzw. *Angebote* unterbreitet werden - anstatt sie ihnen als fertige (und alternativlose) Lösungen aufzudrängen. Hier wird es wichtig, auch Grenzen zu akzeptieren:

Ich muss das (Grenzen, d. V.) akzeptieren. Ich sage dann immer nur, ich kann dieses und jenes Angebot machen. Ich kann ihnen (den Eltern, d. V.) manchmal auch die Konsequenzen aufzeigen, wenn eben irgendetwas nicht passiert.

Nicht nur in Fällen der vermuteten Kindeswohlgefährdung ist es sehr wichtig, die eigene Rolle und auch die Grenzen des eigenen Arbeitsauftrages geklärt zu haben – um möglicherweise auch Wege zu anderen Organisationen und Unterstützungsangeboten aufzeigen zu können und Mütter wie Väter bei Bedarf dort hin zu begleiten.

2.2 Vertrauen ausbauen

Ist der Grundstein für Vertrauen gelegt, kann ebenso vielfältig daran angeknüpft werden. Auch hier haben uns viele Leitungskräfte ihre Ansätze und Beispiele geschildert, aus denen wir die folgenden Prinzipien herausgearbeitet haben.

2.2.1 Gemeinsame Sprache finden

Ein wechselseitiger Austausch wird entscheidend erleichtert dadurch, dass Gemeinsamkeiten entdeckt und gepflegt werden. Das geteilte Interesse am gelingenden Aufwachsen der Kinder ist in der Regel ein nahe liegender Aspekt. Über die Kinder, ihre Besonderheiten, ihre Fortschritte und Erfolge, auch über ihre Sorgen und Ängste kann große Nähe zwischen Fachkräften und Müttern wie Vätern hergestellt werden. Die Fachkräfte berichten über gute Erfahrungen mit Tür- und Angelgesprächen, Hospitationen oder Hausbesuchen. Ebenfalls bewährt haben sich längere Elterngespräche, Präsentation von Bild- und Videomaterial und Aufführungen an Festen. Entscheidend ist das geteilte Wissen über die Lebenswirklichkeiten der Mütter und Väter (vgl. Punkt 1 in diesem Kapitel). Eine gemeinsame Sprache entlastet. Ist erst einmal eine vertrauensvolle Nähe aufgebaut, lassen sich auch sensible oder als heikel empfundene Themen viel leichter und wertschätzender ansprechen und klären.

2.2.2 Verantwortung abgeben an Mütter und Väter

Was in Elterninitiativen konzeptionell die Regel ist, wird auch in anderen Einrichtungen als erfolgversprechend wahrgenommen. Da, wo Müttern und Vätern ein „Vertrauensvorschuss" gegeben wird, entdecken die Leitungskräfte ganz neue Seiten an den Eltern. Diese haben vielfältige Talente, Kenntnisse, Kontakte und Fähigkeiten, die den Alltag der Kindertageseinrichtungen bereichern können. Väter übernehmen die Verantwortung für den Ausbau und die Ausgestaltung einer Freifläche und organisieren über persönliche Netzwerke Finanzierung und bauliche Realisierung. Mütter wie Väter planen Feste, Ausflüge,

Flohmärkte oder führen für Kinder und/oder andere Eltern spannende Angebote durch. Mütter treffen sich nach Einrichtungsschluss selbstorganisiert (mit „Schlüsselhoheit") in den Räumen der Einrichtungen, um gemeinsam zu kochen, zu tanzen, sich mit oder ohne Kinder zu treffen und um private Feiern wie Kindergeburtstage durchzuführen.

2.2.3 „Brücken bauen"

An das Vertrauen, das Mütter wie Väter den Fachkräften entgegen bringen, kann auch über die originäre Alltagsarbeit hinaus angeknüpft werden. In einigen Gesprächen wurde deutlich, dass Erzieherinnen sich als Unterstützerinnen, Impulsgeberinnen oder Brückenbauerinnen sehen. Dabei nehmen sie Familien ihre Entscheidungen nicht aus der Hand. Anknüpfend an die Fähigkeiten und Ressourcen der Eltern werden vielfältige Ansätze zur Stärkung der Artikulations- und Handlungsfähigkeit von Müttern wie Vätern entwickelt. So werden z. B. Brücken gebaut durch Kontaktvermittlung oder persönliche Begleitung zu anderen Einrichtungen (wie Familienberatungsstelle, Arbeitsamt, Volkshochschule usw.). Oder es werden Rahmenbe-

dingungen geschaffen, z. B. für die Durchführung selbstorganisierter Treffen, Kurse, Aktionen (durch Bereitstellung von Räumen, die Unterstützung bei der Akquise von Finanzen usw.). Entscheidend ist hier die Orientierung an den geäußerten Bedürfnissen der Eltern (vgl. Maren Schreier 2011).

2.2.4 Dialog- und Lösungsorientierung

Um Neugier, Offenheit und Wertschätzung auch im oftmals hektischen Arbeitsalltag leben zu können, hat sich eine dialog- und lösungsorientierte Haltung bewährt (vgl. Johannes Schopp 2005). Dialogische Gespräche sind Begegnungen auf Augenhöhe. Der Grundsatz ist, dass die Gesprächspartner und Gesprächspartnerinnen offen füreinander sind und sich nicht von vornherein von starren Zielen leiten lassen. *Wer sich auf den Dialog einlässt, versteht, warum niemand ein Anrecht auf die ‚objektive' Wahrheit hat. Jeder nimmt seine Sicht als Wahrheit wahr* (ebd.: 20). Fachkräfte müssen in der jeweiligen Situation entscheiden, wann Dialogorientierung möglich ist oder wann (wie z. B. im Falle der Kindeswohlgefährdung) Hierarchien und Machtstrukturen transparent zu vermitteln sind und ggf. auch gegen den Willen der Mütter und Väter gehandelt werden muss.

2.2.5 „Langen Atem haben"

Geduld ist ein wichtiger Faktor in der Zusammenarbeit mit Müttern und Vätern. Vertrauen aufzubauen benötigt Zeit - auch das ist von Mensch zu Mensch sehr verschieden. Unsere Untersuchung hat gezeigt, dass es entscheidend auf den sogenannten langen Atem ankommt, dass es sich lohnt, *dran zu bleiben* und nicht zu schnell aufzugeben. Ein klassisches Beispiel hierfür ist z. B. der Besuch von Elternabenden. Einige Fachkräfte erläutern, dass sie vor Elternabenden Mütter und Väter ganz gezielt ansprechen, an den Termin erinnern und damit eine Zu- oder Absage einfordern. Das ist bereits ein wichtiger Schritt, der Interesse und Nähe signalisieren kann, Schwellenängste reduziert und in vielen Fällen eine Teilnahme erleichtert. Uns wird jedoch auch berichtet, dass eine persönliche Zusage noch keine Garantie für das tatsächliche Erscheinen am Elternabend darstellt. Dann entsteht oftmals Frustration auf Seiten der Fachkräfte. Es gibt jedoch vielfältige Gründe dafür, dass Mütter wie Väter die Elternabende meiden, und ebenso viele Ursachen dafür, dass sie darüber möglicherweise zwischen Tür und Angel nicht sprechen.

Dass die Eltern dann auch wirklich verlässlich sagen: Ich komme! Aber das heißt ja oft nicht, dass sie integriert sind, sondern das merkt man an den Kontakten. Darauf muss man einfach achten. Gucken, wie sind Eltern angekommen (in der Einrichtung, d. V.).

Es können Fremdheitsgefühle sein, mangelndes Vertrauen in die Einrichtung, Ängste, Sprachschwierigkeiten, Unklarheiten über Ablauf und Inhalt einer Veranstaltung und vieles mehr, das Eltern davon abhält, trotz Zusage einen Elternabend zu besuchen. Hier ist es Aufgabe der Fachkräfte herauszufinden, wie Schwellen abgebaut werden können. So organisieren einige Einrichtungen gezielt Dolmetscher und Dolmetscherinnen für Elternabende oder sie helfen bei der Suche nach Kinderbetreuung.

Checkliste

Wahrnehmung und Ansprache von Müttern und Vätern

- Wie nehmen wir Mütter und Väter wahr? Sehen wir sie als Experten und Expertinnen für das Aufwachsen ihrer Kinder?
- Vertrauen wir auf die Kenntnisse und Fähigkeiten von Müttern und Vätern oder haben wir eher einen Blick auf Defizite und Schwächen?
- Wie erfahren wir, was Müttern und Vätern wichtig ist? Wie hören wir hin?
- Wie zeigen wir, dass wir an jedem Einzelnen interessiert sind? Dass uns die ganze Familie wichtig und willkommen ist?
- Führen wir Gespräche dialog- und lösungsorientiert oder haben sie eher den Charakter von Lehrgesprächen?
- Wo stoßen wir an Grenzen und wie gehen wir damit um?

Aspekte einer wertschätzenden Haltung

- Lassen wir uns von Idealvorstellungen und Klischees, von Vorannahmen oder auch von Vorurteilen leiten? In welchen Situationen leiten uns Vorannahmen?
- Sind wir offen für Neues, Fremdes, Überraschendes? Wenn ja: Wo und wie gelingt uns das?
- Wie können wir Eltern darin unterstützen, eigene Antworten auf Fragen zu finden und eigene Lösungswege zu beschreiten? Wie schaffen wir es, unsere (Vor-)Annahmen und Lösungsideen zurückzuhalten?
- Respektieren wir die Eigenarten und individuellen Vorstellungen von Müttern und Vätern? Wie gelingt uns das? Was erschwert es möglicherweise?
- Akzeptieren wir, dass wir niemanden gegen den eigenen Willen verändern können? Wie gehen wir in Krisensituationen (z. B. bei Kindeswohlgefährdung) damit um?

Rollenklärung

- Vermitteln wir die Werte und die konzeptionellen Besonderheiten unserer Einrichtung klar und verständlich? Wie gelingt uns das?
- Welchen Arbeitsauftrag haben wir, wofür tragen wir Verantwortung? Wofür nicht?

- Welche Rolle nehmen wir Müttern und Vätern gegenüber ein? Welche unterschiedlichen Rollen gibt es in unserem Arbeitsalltag?
- Beziehen wir Mütter und Väter in wichtige Entscheidungen ein? Wenn ja – welche Eltern sind das? Achten wir darauf, dass es nicht nur die Eltern sind, die sich ohnehin am meisten beteiligen?
- Wie und wo setzen wir Grenzen? Wie können wir das wertschätzend tun?

Ressourcen und Strukturen

- Wie sichern wir die zeitliche, räumliche und örtliche Flexibilität für den Aufbau und Erhalt von Vertrauen?
- Wie unterstützen wir Mütter und Väter, damit sie auch untereinander in Kontakt kommen?
- Wie binden wir weitere Akteure (z. B. Schulen, Beratungseinrichtungen, Sportvereine) in die Arbeit ein? Wie sichern wir, dass das den Interessen der Eltern entspricht und den Datenschutz nicht verletzt?

3 Zugänge schaffen

In den Einrichtungen werden vielfältige Arbeitsweisen aus Pädagogik, Heilpädagogik, Erwachsenenbildung und Sozialarbeit angewendet, um Zugangswege[2] zu Familien zu gestalten, Beziehungen zu Müttern und Vätern aufzubauen und lebensweltorientierte Angebote umzusetzen. Daher haben wir auf Basis der Untersuchungsergebnisse eine Auswahl getroffen.

Wir stellen vier Handlungsprinzipien vor, die als Innovation für den Zugang zu Familien eingesetzt werden. Dabei konzentrieren wir uns auf die damit einher gehenden Herausforderungen für die pädagogische Arbeit. Die Abschnitte beginnen mit einer Situationsbeschreibung, die eine Problemskizze und Thesen beinhaltet. Die abschließende Checkliste dient der Selbstreflexion. Für die Vertiefung haben wir in der Literaturliste eine Auswahl zum Thema Sozialraumanalyse zusammengestellt (vgl. Ulrich Deinet 2009; Maria Lüttringhaus, Hille Richers 2003; Lothar Stock 2004).

3.1 Vorannahmen prüfen

Die Forschung bestätigt: Mütter und Väter sind in den Einrichtungen sichtbar. Sie erhalten damit auch Einblicke in den Berufsalltag der Fachkräfte. Ein solches *Hineinschauen* der Eltern wird von Einrichtungen gezielt unterstützt. Damit signalisieren sie Offenheit, schaffen Transparenz und eröffnen Zugangswege. Dazu heißt es:

Dass Eltern in der Kindertagesstätte mehr Zeit verbringen; dass sie sich orientieren. Im interkulturellen Bereich haben wir Frauen eingeladen, die kein Deutsch sprechen. ‚Kommt herein, schaut, wie ihr eure Kinder erziehen könnt!'

In dieser Einrichtung dienen die nonverbalen Interaktionselemente der Gesprächsvorbereitung. Es finden sich aber auch Beispiele dafür, dass die nonverbale Kommunikation an Grenzen stößt. Die „abweichenden" Lebenswelten unterschiedlicher Milieus können oftmals nicht auf Basis nonverbaler Interaktionen erfasst werden. Insbeson-

---

[2] Wenn wir von „Zugang" sprechen, meinen wir die Gestaltung von Kontakten und die Vorbereitung von Arbeitsbeziehungen.

dere dann, wenn konzeptionelle Überlegungen durch alltägliche Beobachtungen begründet werden, sind Fachkräfte gefordert ihre Vorannahmen verbal zu überprüfen. In vielen Interviews wurde deutlich, dass die Vorannahmen (und Vorurteile) über fremde Lebenswelten zu Verallgemeinerungen, manchmal auch zur Stigmatisierung und Diskriminierung von Müttern und Vätern mit Migrationshintergrund führen. Verallgemeinernde Aussagen über Verhalten entstehen zwangsläufig, wenn Verständigungsmöglichkeiten oder Zeit für Gespräche fehlen.

 Checkliste

- In welchen Situationen treffen Sie Mütter und Väter?
- Nehmen Sie wahr, wenn Sie Eltern beobachten? Nehmen Sie wahr, was Sie beobachten und wie das den direkten Kontakt beeinflusst?
- Welche Vorannahmen bilden Sie?
- Wie können Sie die Beobachtung in der Situation hinterfragen und verbal überprüfen (z. B. im Gespräch mit den beobachteten Müttern und Vätern)? Entsprechen Ihre Biographie und Ihr Erfahrungshintergrund dem der Personen, die Sie beobachten? Wo gibt es Unterschiede? Was heißt das für die eigene Wahrnehmung?
- Besprechen Sie Ihre Vorannahmen mit anderen Fachkräften in der Einrichtung oder mit Fachkräften aus anderen Organisationen?
- Welche Rahmenbedingungen bräuchten Sie, um Ihre Vorannahmen abzusichern?

3.2 Zwischen Kulturen vermitteln und Verständigung fördern

Die Einrichtungen haben vielfältige Ansätze entwickelt, mit denen sie sprachliche Verständigungsschwierigkeiten reduzieren können. In den Interviews hat sich gezeigt, dass die Entscheidung darüber, wann und wie gedolmetscht wird häufig jedoch nicht systematisch geplant wird. Verbale Verständigung hängt dann von Zufällen ab oder sie ist auf wenige Sprachen begrenzt, weil beispielsweise eine türkische Frau im Team arbeitet oder eine Mitarbeiterin russisch spricht. In diesen Fällen erhalten sprachunkundige Mütter und Väter aus Minderheiten weniger verbale Aufmerksamkeit. Die fehlenden oder eingeschränkten Artikulationsmöglichkeiten haben zur Folge, dass Interessen,

Kenntnisse und Fähigkeiten der Eltern unentdeckt und damit unberücksichtigt bleiben und zudem einer strukturellen Ungleichbehandlung von Eltern (denen, die sich sprachlich verständigen können und denen, mit denen verbale Kommunikation schwer gelingt) Vorschub geleistet wird.

Werden Familienangehörige hinzugezogen, dann geschieht das oftmals nach dem Motto *einer spricht immer Deutsch*. In diesen Fällen hat sich gezeigt, dass die Sprachmittlung dann gelingt, wenn die erwachsenen Gesprächspartnerinnen und Gesprächspartner ihre Vertrauenspersonen selbst bestimmen können. In einem anderen Fall werden Verständigungsprobleme dadurch gelöst, dass Sprachhintergründe der Eltern in der Planungsphase bedacht und bei der Zusammensetzung der Kindergruppen berücksichtigt werden. Fachkräfte oder anderes Personal mit entsprechenden Sprachkenntnissen werden den Gruppen dann gezielt als Ansprechpersonen oder Gruppenleiterin zugeordnet. Andere Einrichtungen greifen auf qualifizierte Kulturdolmetscherinnen und -dolmetscher zurück, die innerhalb der Trägerschaft fortgebildet sind und für die Einrichtungen bereit stehen. All diese Ansätze signalisieren den Müttern und Vätern, dass sie ungeachtet ihrer „Deutschkenntnisse" willkommen sind und wertgeschätzt werden und dass es der Einrichtung ein wichtiges Anliegen ist, wechselseitige Verständigung zu ermöglichen.

 ## Checkliste

- Wie kann der Personaleinsatz so geplant werden, dass sprachkundiges Fachpersonal verlässlich zur Verfügung steht?
- Können Mitarbeiterinnen und Mitarbeiter aus Hausdiensten und anderen Beschäftigungsfeldern für Sprachmittlung qualifiziert werden?
- Sollen in unseren Einrichtungen qualifizierte Honorarkräfte zum Dolmetschen eingesetzt werden?
- Zu welchen Fragen und Themen können Personen hinzugezogen werden, die keine Fortbildung zur Kultur- oder Sprachmittlung besitzen?
- Was ist nötig, damit Mütter und Väter aus Minderheiten ihre Vertrauenspersonen selbst wählen können?
- Bei welchen Fragen ist es problematisch, Menschen aus dem familiären Umfeld hinzuzuziehen (z. B. in Sachen Existenzsicherung, bei Notlagen und Krisen, Frauenthemen, Männerfragen)?

- Wie können wir sicher stellen, dass soziale Hierarchien durch den Einsatz von Sprachmittlerinnen und Sprachmittlern nicht verfestigt werden? Gelingt dialogorientiertes Dolmetschen?

3.3 Den Einsatz von Erhebungsinstrumenten hinterfragen

Es ist gängige Praxis, dass die Fachkräfte der Einrichtungen neue Angebote entwickeln oder Themen für Elternabende im Team vordenken. Die Anliegen und Bedürfnisse der Eltern werden so jedoch - wenn überhaupt - meist indirekt bedacht. Um die Interessen von Müttern und Vätern in Erfahrung zu bringen und bei der Planung berücksichtigen zu können, werden neben anderen Verfahren auch Elternfragebogen eingesetzt. So vielversprechend der Einsatz von Fragebögen scheint, so herausfordernd schildern Leitungskräfte die „Tücken" dieses Instruments. Um einen Fragebogen ausfüllen zu können, müssen Mütter wie Väter lesen und in der Regel auch schreiben können und zudem – je nach Umfang – etwas Zeit mitbringen. Bei Familien mit unzureichenden Deutschkenntnissen oder in (deutschsprachigen) Familien mit engem Zeitma-

nagement ist der Rücklauf gering. Hier gehen möglicherweise nur die „Meinungen" der sprachkundigeren Eltern in die Planungen ein. Zudem basiert ein Fragebogen darauf, dass konzeptionell oder inhaltlich „Vorgedachtes" den Familien in abfragbaren Begriffen, Sätzen oder Fragen gleichsam „von oben" präsentiert wird. Gruppendynamiken und Prozesse lassen sich gar nicht erfassen. Um Bedürfnisse, Interessen und Wünsche zu erfragen, und damit auch „Neues", „Unerwartetes" oder „Fremdes" in Erfahrung zu bringen, sind manchmal freie Formulierungsmöglichkeiten vorgesehen, die Raum für eigene Vorstellungen bieten – sofern die Eltern schreiben können oder durch Personen ihres Vertrauens beim Ausfüllen unterstützt werden. Das Verhältnis zwischen Aufwand und Ergebnis wird entsprechend als wenig zufriedenstellend geschildert. Wenn Übersetzungen angefertigt werden, erhöht sich der Zeitaufwand.

Es ist zu überlegen, inwiefern die Instrumente für die Zwecke geeignet sind. Sinkt die Gesprächsbereitschaft zwischen Fachkräften und Eltern? Inwieweit eignen sich schriftliche Fragen nach Interessen als vertrauensbildende Maßnahmen?

Checkliste

- Welche Anlässe für die Erkundung der Interessen von Müttern und Vätern bieten sich in der Einrichtung?
- Inwieweit können Gespräche mit Fragen nach Wünschen und Bedürfnissen von Müttern und Vätern als gezielte Maßnahme eingeführt werden, um Vertrauen herzustellen?
- Inwieweit können Mütter und Väter in Planungsprozesse einbezogen werden?
- Welche Personen und Organisationen haben Kenntnisse über Erziehungstraditionen der vor Ort lebenden Mütter und Väter?
- Auf welchen Kommunikationswegen erreicht das Wissen die Kindertageseinrichtungen?
- Wie lassen sich Planungs- und Organisationsformen implementieren, die dialogorientiert sind?
- Wie können wir Zusatzarbeit vermeiden? Welche andere lokale Einrichtung ist für Befragungen (z. B. Sozialraumanalyse) zuständig?

3.4 Verhältnis von Dienstleistung und Elterneinbindung prüfen

In den Einrichtungen werden familiengerechte Angebote auch in ihrer Funktion für den Zugang zu Müttern und Vätern eingesetzt. Ein Perspektivwechsel von einer Erwartungshaltung mit Anforderungen an Mütter und Väter hin zu einer gebenden Haltung, die die Familien entlastet, trägt dazu bei, dass sich Eltern für die Arbeit in den Kindertageseinrichtungen interessieren (vgl. Kapitel 2). Das Erfolgsgeheimnis besteht darin, dass den Müttern und Vätern Erziehungsverantwortung abgenommen wird. Sie können etwas mit ihren Kindern erleben, ohne selbst aktiv etwas vorbereiten zu müssen. Dazu heißt es:

Also ein großes Mitmachen merke ich hier, wenn wir es den Familien leicht machen, wenn wir sie ein Stück verwöhnen. Wir nehmen ihnen Erziehungsverantwortung ab und bieten ihnen ein Freizeitangebot.

Andere Leitungskräfte beurteilen die vorausgesetzten Wirkungen vorsichtiger und berufen sich auf Erklärungsmodelle, nach denen ausgeglichene Austauschbeziehungen eine Voraussetzung für professionelles Handeln sind (vgl.

Silvia Staub-Bernasconi 2007, 1998). Dann stellen sich Fragen danach, wie Mütter und Väter in Vorbereitung und Durchführung eingebunden werden. Eine dritte Gruppe weist auf Rahmenbedingungen hin und geht von Mehrarbeit aus, die durch Angebotsplanung und Organisation entsteht. Es zeigt sich, dass die Einrichtungen einen Bereich ausbalancieren müssen, der zwischen Entlastung und Beteiligung der Mütter und Väter liegt.

 Checkliste

- Welche Mütter und Väter sind in der Einrichtung aktiv?
- Welche Mütter und Väter treten eher weniger in Erscheinung?
- Wie kommt es zu unterschiedlichen Beteiligungen?
- Sind diese Elternteile überlastet oder fehlen ihnen Artikulationsmöglichkeiten um ihre Interessen auszudrücken und sich zu beteiligen?
- Wie können bereits aktive Mütter und Väter so beteiligt werden, dass sie sich eigenverantwortlich auf Grundlage ihrer Interessen und Bedürfnisse einbringen können?
- An welchen Planungs- und Entscheidungsprozessen können Eltern beteiligt werden? Wie kann sichergestellt werden, dass alle Eltern gleichermaßen die Möglichkeit zur Beteiligung haben?
- Wie kann die Beteiligung so gestaltet werden, dass die Mitarbeiterinnen und Mitarbeiter nicht überlastet werden?
- Welche Rahmenbedingungen und Qualifikationen sind nötig?

4 Konzeptionelle Schwerpunkte des ländlichen Umfelds

In den Einrichtungen des ländlichen Bereichs haben wir festgestellt, dass die Fachkräfte kreative Lösungen entwickeln. Herausforderungen zeigen sich in strukturellen Nachteilen, die beispielsweise durch fehlende soziale Infrastruktur oder lange Wege entstehen. Die befragten Leitungskräfte benennen darüber hinaus personenbezogene Erschwernisse, die soziale Bedingungen (z. B. Isolation im häuslichen Bereich) und soziale Dynamiken (z. B. Ausschluss, Kontrolle) der Mütter und Väter betreffen (zu interkulturellen Profilen vgl. BMFSJ 2009, 26ff.).

Wir bezeichnen die zentralen Praxismerkmale im Folgenden als Schwerpunkte, die wir unter je einem Kernsatz zusammen gefasst haben. Sie stellen eine Art Konzentrat dar. Die lokalen Gegebenheiten erfordern vielfältige Lösungen und Kombinationen, die, ausgehend von den jeweiligen Rahmenbedingungen, sehr verschieden sein können. Aktuelle Fragen, Themen oder Problemlagen müssen auf individuell unterschiedliche Weise angegangen werden.

In der Praxis ist daher häufig eine Mischung der hier separat aufgeführten Schwerpunkte auszumachen.

Anhand von Praxisbeispielen werden im Folgenden exemplarisch Entwicklungspotenziale aufgezeigt mit dem Ziel, Impulse für die Praxisentwicklung zu geben. Am Anfang eines jeden Unterkapitels finden Sie eine Situationsbeschreibung sowie wesentliche Merkmale zu Strukturen, Organisationsformen und Zielgruppen (zu Organisationsformen vgl. Angelika Diller 2006). Dann folgen grundlegende, Praxis leitende Thesen. In den anschließenden Praxisbeispielen stellen wir organisatorische Abläufe, strategische Ziele und typische Arbeitsweisen vor.

4.1 Alles in einer Hand halten

Dieser Schwerpunkt ist in Einrichtungen zu finden, die in einer ländlichen Gegend angesiedelt sind. In ländlichen Gemeinden bilden Kindertageseinrichtungen, Schulen und Kirche(n) Anlaufstellen institutioneller Betreuung und Bildung sowie sozialer Versorgung. Meist finden sich wenige Sozial- und Bildungseinrichtungen vor Ort. Aus den lokal spezifischen Gegebenheiten erwachsen vielfältige Anforderungen an die Einrichtungen der Kindertagesbetreuung. Das verdeutlichen die Beschreibungen unserer Gesprächspartnerinnen: Die Leitungskräfte stehen unter einem hohen öffentlichen Erwartungsdruck. Für die Arbeitsteilung nach außen werden langjährige Kontakte, persönliche Beziehungen und zufällige Entwicklungen beschrieben. Handlungsstrategien sind Einrichtung bezogen. In der Zusammenarbeit wird eine niederschwellig angelegte Bildungsorientierung deutlich, die sich auch an Eltern richtet. Beziehungen zu Müttern und Vätern erscheinen eher als Lehr- Lernverhältnis (implizit hierarchische Orientierung) seltener sind sie partnerschaftlich ausgerichtet (Einbeziehung in Planungs- und Entscheidungsprozesse).

Der beschriebene Schwerpunkt findet sich auch in Städten mit ausreichender infrastruktureller Versorgung. In der Zusammenarbeit mit Müttern und Vätern werden dann pädagogische Strategien sichtbar, die sich an einem Lehr-Lernverhältnis mit vermittelbaren Inhalten und mit anleitenden Elementen orientieren.

Überblick zu wesentlichen Merkmalen

- Die Kindertageseinrichtung sieht sich als eine für die Zusammenarbeit mit Eltern bedeutsame Institution in einer Gemeinde oder Stadt, die über die „originäre" pädagogische Tagesbetreuung hinaus gehende personelle und materielle Ressourcen einbringt.

- Es gibt eine zentrale Organisation mit kurzen Wegen sowie eine Ausdifferenzierung der konzeptionellen Inhalte mit Delegation von Aufgaben.

- Es sind formelle oder informelle Kooperationen mit Institutionen, Organisationen und Einzelpersonen am Ort vorhanden.

- Die Zusammenarbeit mit den Familien bezieht sich auf Mütter und Väter aus der Einrichtung. In kleinen Gemeinden werden auch Angebote für Familien (oftmals Mütter) entwickelt, die keine Kinder in der Einrichtung haben (dann meist in Kooperation mit anderen Einrichtungen des Trägers oder mit ortsansässigen Organisationen).

- Bei entsprechender Ausstattung werden Räume an interessierte Personen, Familien oder Organisationen vermietet.

Praxis leitende Thesen

Die Arbeit gelingt dann am besten, wenn die Mitarbeiterinnen und Mitarbeiter der Kindertageseinrichtung alleine oder in Zusammenarbeit mit anderen Institutionen oder Akteuren Angebote für Kinder und Eltern entwickeln, die je nach Ausstattung oder konzeptioneller Zielsetzung in den Einrichtungen oder in ihrer unmittelbaren Nähe durchgeführt werden. Angebote der Kooperationspartnerinnen und Kooperationspartner, die in der Kindertageseinrichtung durchgeführt werden, erleichtern die Arbeit. Es gehört zu den wesentlichen Aufgaben der Leitung die Arbeiten nach dem Motto *wir machen das* zu steuern und zu koordinieren.

Praxisbeispiele

Angebote zum Mitmachen gestalten

Einrichtungen, die mit diesem Schwerpunkt arbeiten initiieren, planen und entwickeln Angebote oder Projekte mit pädagogischer Zielsetzung: Mütter, Väter, Kinder und Familienangehörige können etwas lernen, in Kontakt kommen und gemeinsame Erfahrungen teilen. Es lassen sich Angebote mit Erlebnischarakter von Angeboten mit Bildungsorientierung unterscheiden. In der Regel übernimmt die Kindertageseinrichtung Organisation und Werbung (ggf. in Zusammenarbeit mit Kooperationspartnerinnen und Kooperationspartnern). In einigen Einrichtungen werden Mütter und Väter in Planungsprozesse einbezogen.

Pädagogische Fachkräfte bereiten das Angebot methodisch vor. Sie beziehen Mütter und Väter in die Vorbereitung ein oder sie beteiligen sie an der Durchführung. Die Fachkräfte geben methodische Anleitungen, zeigen Regeln auf und verteilen Aufgaben. Sie begleiten auch die Umsetzung. Häufig entstehen in der Vorbereitungsphase Produkte, die für das Angebot verwendet werden. Insgesamt wird deutlich, dass pädagogische Zielsetzungen handlungsleitend sind und die Arbeitsweisen prägen. In den Schilderungen zu bildungsorientierten Angeboten erscheinen Mütter mit Migrationshintergrund oft als bildungsbenachteiligte Frauen (vgl. Kapitel 1). Mit vielen Angeboten werden Möglichkeiten zum interkulturellen Dialog eröffnet. Diese werden sehr individuell auf die in der Einrichtung vertretenen Kulturen zugeschnitten. Aus einer Kindertageseinrichtung heißt es:

Wir haben ein Thema erarbeitet und mit den Kindern Schalen aus Ton geformt. Türkische Familien haben Suppe gekocht und sind zu dem Fest gekommen.

Die Arbeitsweisen für die Zusammenarbeit mit Familien orientieren sich an den Methoden der erzieherischen Praxis in Kindertageseinrichtungen (vgl. Professionalisierungsdebatte). Zufriedenheit der Eltern wird durch emotionale Beteiligung (Spaß und Freude) sowie Beteiligung am praktischen Geschehen hergestellt.

Impulse für die Praxis

Fachkräfte in kleinen Gemeinden bewegen sich in vielfältigen Alltagsrealitäten. Wir haben gehört, dass die Einrichtungen durchaus als Ort für alle und für gleichsam jedes Anliegen bereit stehen. In den Interviews heißt es beispielsweise, dass bei guter Vernetzung auch viele Angebote und Anfragen aus ortsansässigen Organisationen und Institutionen kommen. Das stellt insbesondere die Leitungskräfte vor immer neue Herausforderungen. Anwohnerinnen und Anwohner meinen beispielsweise, dass sich eine kommunale Kindertageseinrichtung auch um eine defekte Straßenlaterne kümmern soll. Solchermaßen geforderte Einrichtungen befinden sich in einem Spannungsverhältnis zwischen einer Allzuständigkeit aus Eigeninteresse (um Rahmenvorgaben einzuhalten und den Standort zu sichern oder um möglichst nah dran zu sein an den Anliegen der Familien) und einem öffentlichen Erwartungsdruck mit teilweise informellen Aufträgen.

Die Untersuchung hat gezeigt, dass es keine einfachen Lösungen geben kann. Fragen nach der Professionalität (Methodenkenntnisse) und Gruppenzusammensetzung müssen mit standort- und trägerspezifischen Fragen verbunden werden.

Wenn „Entwicklungsprobleme" der Kinder oder „Erziehungsdefizite" offenkundig werden, sind Leitungskräfte in einer „kontrollierenden Funktion" gefordert. Die Arbeitsbeziehungen zu den Müttern und Vätern sind hierarchisch gegliedert. Oft sind Mütter die Angesprochenen. Sie erscheinen als Menschen, die Hilfe, Unterstützung und Bildung bedürfen. Dagegen werden die Unzulänglichkeiten von Vätern kaum thematisiert (vgl. Kapitel 1).

Wir halten Fragen für weiterführend, die auf Beteiligung in Verbindung mit Kommunikationsprozessen in funktionaler Gegenseitigkeit und Verantwortung beruhen. Wie und an welchen Orten kann es gelingen Mütter und Väter an inhaltlichen und strukturellen Planungsprozessen so zu beteiligen, dass sie ihre Bedürfnisse, Wünsche und Erfahrungen einbringen können (vgl. Kapitel 3)? Für welche Aufgaben sind Kindertagesstätten geeignet, wo zeigen sich Grenzen der Öffnung nach außen? Welche Versorgungs- und Selbstorganisationsstrukturen sind in der jeweiligen Gemeinde nötig, damit Mütter und Väter mit Migrationshintergrund sich als verantwortlich erziehende Erwachsene artikulieren können? Welchen Anteil an „Elternbildung" soll die Kindertageseinrichtung leisten, was können ggf. andere Organisationen und Akteure übernehmen?

Alle unter einem Dach
zusammenbringen!

Schneidermeisterin

KITA

Sozial-beratung

Mittagstisch für Jung und Alt

4.2 Alle unter einem Dach zusammen bringen

In diesem Schwerpunkt lassen sich Einrichtungen mit unterschiedlichen Träger- und Finanzierungsmodellen sowie unterschiedliche Konzeptionen fassen, die sich übergreifend unter dem Aspekt „unter einem Dach" darstellen lassen (z. B. in Eltern-Kind-Zentren, Familienzentren, Mehrgenerationenhäusern). Für die unterschiedlichen Konzepte der Familienzentren verweisen wir auf die vorliegende Literatur, insbesondere aus dem Kontext der Entwicklung von Familienzentren und der Early Excellence Centres (vgl. exemplarisch Sabine Hebenstreit-Müller; Barbara Kühnel 2005, Michael Langhanky, Cormelia Frieß, Marcus Hußmann, Timm Kunstreich 2004; Stefan Rietmann, Gregor Hensen 2009). Einrichtungen dieses Typs sind sowohl in Städten wie auch in ländlichen Regionen angesiedelt.

Überblick zu wesentlichen Merkmalen

- Die Einrichtung ist als Haus mit Angeboten für Kinder und Erwachsene aller Altersgruppen konzipiert – oder sie ist Bestandteil eines solchen Hauses.
- Mütter, Väter und weitere Familienangehörige einzubinden ist eine übergreifende Strategie der Einrichtung.
- Die Einrichtung versteht sich u. a. als Anlaufstelle für Familien und hält entsprechende Angebote und Dienstleistungen bereit.
- Das Haus integriert/ kooperiert mit Beratungsstellen (z. B. Migrationsberatung, Erziehungsberatung), sozialen Diensten (z. B. Familienhilfe, Gesundheitsberatung), allgemeinen Dienstleistungen (z. B. Schneiderei, Mittagessen, Raumvermietung) und manchmal ist ein sogenannter Marktplatz als Kommunikationsort für alle Besuchende vorhanden.
- Vernetzung und Kooperation nach innen wie nach außen sind zentrale Elemente des Selbstverständnisses der Einrichtung und des Fachpersonals.
- Die Koordination aller Angebote bzw. das Management findet zentral statt und wird innerhalb der Einrichtung ausgeübt.

Praxis leitende Thesen

Wenn die Einrichtungen sich als Netzwerkknoten für Familien verstehen, gelingt ihnen eine breite Vernetzung nach innen (Kooperationen und Angebote im Haus) wie nach außen (Begleitung der Familien zu anderen Angeboten, sozialraum- oder themenspezifische Arbeitsgremien). Nach dem Motto: *Reinholen und weiterleiten* nehmen sie Mütter, Väter und familiäre Netzwerke in den Blick und entwickeln zielgerichtete Angebote. Können Bedürfnisse nicht innerhalb der eigenen Einrichtung erfüllt werden, begleiten die Fachkräfte Mütter und Väter zu anderen Anlaufstellen oder Angeboten im Stadtteil oder der Region. Diese Form benötigt Impulse von außen und eine aktive Elternschaft mit guten Netzwerken. Bei allem bleibt die Einrichtung offen für neue Anregungen und Entwicklungen. Angebote und Strukturen werden immer wieder verändert und aktuellen Bedarfssituationen angepasst.

Praxisbeispiele

Familienorientierung in einem Haus

Einrichtungen dieses Schwerpunktes setzen gezielt an den Zugängen an, die sie zu Müttern und Vätern haben. Viele Eltern, insbesondere diejenigen mit mehreren Kindern, kennen „ihre" Erzieherin seit vielen Jahren. Entsprechend hoch ist das wechselseitige Vertrauen. Dieses wird genutzt um Bedürfnisse der Familien auszuloten und ihnen unter einem Dach entsprechende Angebote machen zu können. Das ist für viele Familien sehr attraktiv – insbesondere im ländlichen Bereich, wo ansonsten oftmals sehr weite Wege zwischen einzelnen (Dienstleistungs-)Angeboten zurückgelegt werden müssen.

Attraktiv ist halt einfach das Haus. Es bietet den Familien etwas. Ich kann ja die Oma hier auch noch betreuen oder Opa kann zum Gedächtnistraining kommen. Es gibt sozialpädagogische Familienhilfe, Beratung, Dienstleistung für Familien. Entlastung ist wichtig. Das ganze Haus hat Potenziale.

Einrichtungen mit diesem Zuschnitt bieten einen Service, der von allen Menschen des Stadtteils bzw. der Region genutzt werden kann – unabhängig davon, ob sie Kinder haben oder ob diese in der Einrichtung angemeldet sind. Der Fokus liegt dennoch auf der Familienorientierung. Dabei kommen sehr breit gefächerte Arbeitsansätze zur Anwendung. Wir haben folgende Ansätze gefunden und sie für die Darstellung gebündelt:

- Familienorientierte Bildungs- und Freizeitangebote für Mütter, Väter und weitere Familienangehörige.
- Mütter und Väter an Planungsprozessen beteiligen (z. B. an der Organisation von Festen, an der Freiraumplanung).
- Mütter und Väter an Aktivitäten und deren Organisation auf Basis von Honorartätigkeiten oder Ehrenamt beteiligen.
- Geschulte Multiplikatorinnen – zumeist aus der Elternschaft – einbinden (Frauen/Mütter mit Migrationshintergrund).
- Zusammenarbeit mit Institutionen, Organisationen und Personen pflegen (z. B. Bildungseinrichtungen, Vereine für Migrantinnen und Migranten, Religionsgemeinschaften, Service- und Beratungsstellen).
- Beteiligung an träger- und zielgruppenübergreifenden Arbeitskreisen und Sozialraumgremien am Ort.

„Rund-um-Service" mit Wohlfühlfaktor ermöglichen

Wir haben eine stark ausgeprägte Dienstleistungsorientierung vorgefunden: Die Leitungskräfte legen großen Wert darauf, dass ihre Zielgruppen sich in ihrem Haus wohl fühlen. Entsprechend werden Angebote geplant, Rückmeldungen eingeholt, Strukturen erweitert oder überarbeitet. Ein Antriebsfaktor ist der gute Ruf der Einrichtung. Die Leitungskräfte sind darauf bedacht, dass die Angebote ihres Hauses in der Region bzw. im Stadtteil so vielen Menschen wie möglich bekannt werden. Hier setzen sie gezielt auf Öffentlichkeitsarbeit, aber vor allem auch auf Mund-zu-Mund-Propaganda der Mütter, Väter und weiterer Familienmitglieder. Angeknüpft wird da, wo Bedürfnisse oder Probleme erkannt bzw. von Müttern oder Vätern selbst artikuliert werden. Dabei finden auch beteiligungsorientierte Ansätze Anwendung. „Entlastung" der Familien ist ein wichtiges Thema. Da wird dann beispielsweise ein Babysitterdienst organisiert, damit Mütter und Väter einen Elternabend besuchen können, Hausaufgabenhilfe angeboten oder einer Jugendlichen berufliche Qualifizierung ermöglicht. Eine Leitungskraft schildert die sich hieraus ergebende Handlungskette wie folgt:

Es gibt Entlastung für Familien, und das ist einfach wichtig. Weil es halt nicht Kindertagesstätte ist, sondern irgendwie auch das gesamte Haus, das ganz viel Unterstützung, Potenzial hat und noch ganz viele Möglichkeiten. Das heißt, die ältere Cousine, Schwester, wie auch immer, die keine Ausbildung findet, kann hier auch noch mal im Rahmen einer Maßnahme zur Berufsorientierung irgendwas finden.

Wichtig ist zudem, dass die Möglichkeiten (sozial-)pädagogischen Arbeitens als weit über die traditionelle Arbeit in Kindertagesstätten hinausgehend eingeschätzt werden. Hieran werden hohe Erwartungen und Hoffnungen auch bezogen auf eine Aufwertung der eigenen fachlichen Arbeit geknüpft.

Den Blick nach außen richten

Ein wesentliches Merkmal der Arbeit von Kindertageseinrichtungen in diesem Schwerpunkt ist die starke Außenorientierung. Da der Blick der Fachkräfte nicht nur auf Kinder und deren unmittelbare Familienangehörige gerichtet ist, sondern zudem auch auf Bedürfnisse und Bedarfe anderer Menschen des Wohnumfeldes der Einrichtung, sind mindestens die Leitungskräfte gefordert, sich regelmäßig Informationen über aktuelle Entwicklungen im Stadtteil bzw. in der Gemeinde einzuholen, zu themen- und trägerübergreifenden Vernetzungstreffen zu gehen oder im Rahmen eigener Angebote (z. B. Flohmarkt, Sommerfest) Kontakte auch über die „eigene" Elternschaft hinaus zu knüpfen. Die Fachkräfte entwickeln regelmäßig neue Angebote und Arbeitsansätze (vgl. auch 4.6.).

Flexibilität in der Angebotsgestaltung ist ein wichtiges Charakteristikum des hier beschriebenen Schwerpunktes. Die Einrichtungen nehmen die Herausforderungen an, die mit einer konzeptionellen Ausweitung der Zielgruppen einher gehen. Eine Leitungskraft bezeichnet es als Erfolgsgeheimnis, *immer im Fluss zu sein*:

Also nicht zu sagen, jetzt haben wir das erreicht und da stehen wir jetzt, sondern immer bemüht und neugierig zu sein. Neue Wege zu gehen und mutig zu sein Dinge auszuprobieren.

Die Flexibilität im Denken und konzeptionellem Handeln bezieht sich nicht nur auf die Entwicklung neuer Angebote, sondern ebenso auf die kritische Überprüfung bereits bestehender Konzepte.

Es ist nicht immer so, dass wir alles beibehalten, was wir ausprobiert haben. Wir sind neue Wege gegangen, wenn sich etwas nicht bewährt hat.

Hier wird deutlich, dass die Fachkräfte im Kontext dieser Schwerpunktarbeit oftmals darauf angewiesen sind, auszuprobieren und ggf. wieder zu verwerfen. Hinzu kommt, dass – wie auch im vorigen Punkt beschrieben – Angebote auf die lokal spezifischen Bedarfe und Bevölkerungszusammensetzung zugeschnitten werden müssen. Träger können hier unterstützen dadurch, dass sie Fach- und Organisationsberatung anbieten, Fort- und Weiterbildung und vor allem Kooperation und trägerübergreifenden Austausch ermöglichen.

Impulse für die Praxis

Die Arbeit der Einrichtungen in diesem Schwerpunkt ist äußerst vielfältig. Entsprechend differenziert sind auch die Anforderungen für die Praxis. Wir haben unsere Untersuchungsergebnisse im Folgenden unter den Aspekten der „besonderen Herausforderungen" gebündelt. Die hier benannten Themenfelder können Anstöße zur vertiefenden fachlichen Diskussion geben - trägerintern wie trägerübergreifend und nicht zuletzt auch im Kontext lokaler Sozial- und Bildungspolitik.

Innovation und Dienstleistungsorientierung, so wie wir sie vorgefunden haben, erfordern einen sehr hohen Koordinations- und Organisationsaufwand: Vernetzung und regelmäßige Absprachen (intern wie extern) werden als A & O beschrieben, die zahlreichen, sich immer wieder verändernden Angebote müssen unter einen Hut gebracht werden:

Was biete ich denn an Räumen an, wie kann ich das alles umsetzen? Das ist wahrscheinlich für Kindertagesstätten nicht so einfach. Einfach zu gucken: Wie lange haben wir denn geöffnet – wie können wir die Räume anbieten?

Die Leitungskräfte stehen vor großen Herausforderungen. Sie sind die Kristallisationspunkte, vieles wird an ihrer Person festgemacht – nach innen wie nach außen (Öffentlichkeit/Gemeinde/Politik). Das ist den Leitungskräften durchaus bewusst, und sie nutzen ihre Position aktiv zum Austausch (u. a. mit Familienservicebüros) und zur Vernetzung, zu Werbezwecken, für die Öffentlichkeitsarbeit und zur Mittelakquise. Das gelingt am besten nach dem Muster: Sich bekannt machen – austauschen - weiter entwickeln – Angebote bekannt machen:

Wichtig ist wirklich, im Kontakt und Austausch zu sein und zu wissen, was in meinem Umfeld los ist. Was gibt es für Angebote für Familien, wo kann ich mich vernetzen und verknüpfen, austauschen. Familien auch weiterleiten.

Augen und Ohren müssen stets offen sein, zahlreiche Fäden in der Hand gehalten und dirigiert werden, vieles erfordert eine Präsenz außerhalb der Einrichtung – und nach innen ist die Leitungskraft zusätzlich gefragt. Das verlangt den Fachkräften ein hohes Maß an Zeit- und Ressourcenmanagement ab. Dass in vielen Fällen insbesondere Zeit- und Personalressourcen nicht ausreichen und die Fachkräfte das nicht selten durch unbezahlte Mehrarbeit zu kompensieren versuchen, belegt folgendes Zitat:

Das braucht natürlich auch Personal und Stunden. Zeit und Struktur. Dass nicht auf Gutmütigkeit von Menschen gebaut wird, nicht auf Freiwilligkeit und Ehrenamtlichkeit.

Eine Intention der auch in Niedersachsen politisch geförderten Familienzentren und Mehrgenerationenhäuser ist u. a. die Ressourcenbundelung zum Zweck der Vereinfachung von Strukturen. Diese Erwartung muss vor dem Hintergrund der Forschungsergebnisse gedämpft werden.

Der Mehraufwand insbesondere für Vernetzung und Koordination ist offenkundig, zudem erfordert die zielgruppenübergreifende Arbeit in vielen Fällen gänzlich neue pädagogische und sozialarbeiterische Ansätze. Fort- und Weiterbildungen sind zu finanzieren, Strukturen für Supervision und Teamreflexion, aber auch für Beteiligungsprozesse werden notwendig. Einrichtungen, die vor der Überlegung stehen, sich in Richtung des hier benannten Schwerpunktes zu orientieren sind gut beraten, diese Punkte zu diskutieren und sich darüber hinaus Informationen und Anregungen von Einrichtungen zu holen, die sich bereits auf den Weg gemacht haben.

4.3 Sich im Träger verbinden

Dieser Schwerpunkt findet sich in Landkreisen und Städten, besonders dort, wo ein Träger z. B. ein Wohlfahrtsverband ein dichtes Versorgungsnetz aufgebaut hat. Aus den Schilderungen der Leitungskräfte wird deutlich, dass es Ziel des Trägers ist, die Einrichtungen in Fragen der Finanzierung von Projekten zu unterstützen, Strukturen aufzubauen und personelle Ressourcen zur Verfügung zu stellen.

Die untersuchten Einrichtungen arbeiten nach unterschiedlichen Konzepten, in denen die örtlichen Gegebenheiten und die Erfordernisse der Einrichtungen aufeinander bezogen sind. Wir beschreiben den personellen Einsatz, der auf den unterschiedlichen Ebenen bei der Finanzierung von Projekten und Elternarbeit sichtbar geworden ist und gehen auf die Tätigkeit von Sozialarbeiterinnen und Sozialarbeitern für die sogenannten zugehenden Arbeiten ein. Diese stundenweise beschäftigten Fachkräfte werden in einigen der von uns befragten Einrichtungen eingesetzt, um die Mitarbeiterinnen und Mitarbeiter zu entlasten. Wir stellen die Ergebnisse zu dieser „mobilen Sozialarbeit" vor.

In den Einschätzungen der Leitungskräfte werden entlastende Arbeitsteilungsprozesse und kritische Anfragen sichtbar.

Überblick zu wesentlichen Merkmalen

- Unterschiedliche Einrichtungen einer Trägerschaft arbeiten in einem überschaubaren städtischen Gebiet oder in einem Landkreis zusammen (z. B. Kindertageseinrichtungen, Familienzentrum, Beratungsstellen, Servicestellen, sonstige Dienste einer Trägerschaft).
- Kooperationsprojekte sind eher innerhalb der Trägerschaft angesiedelt.
- Verschiedene Fachdienste sind innerhalb der Trägerschaft vernetzt, es sind Fachgremien innerhalb der Trägerschaft installiert.
- Der Träger stellt spezifische Fachberatung zu Verfügung.
- In einigen Einrichtungen wird zugehende Arbeit von Müttern geleistet, die als Multiplikatorinnen auf Honorarbasis arbeiten.
- Angebote und Projekte finden in und außerhalb der Kindertageseinrichtung statt.

- Müttern und Vätern werden Wege zu verschiedenen Einrichtungen der Trägerschaft eröffnet.
- Es gibt Angebote für Menschen unterschiedlichen Alters und in verschiedenen Lebensformen (meist außerhalb der Kindertageseinrichtungen).
- „Mobile Sozialarbeit" wird stundenweise eingesetzt.

Praxis leitende Thesen

Wenn Wissen und Personen innerhalb der Trägerschaft zirkulieren, werden Leitungskräfte in den Einrichtungen entlastet. „Mobile Sozialarbeit" wird als unterstützende Fachkompetenz für Kindertageseinrichtungen eingesetzt, weil das spezifische Fachwissen dort benötigt wird. Auch die Einbindung von Müttern, die als Ansprechpersonen für andere Mütter und Väter zur Verfügung stehen, erleichtert den Zugang zu Familien. Die langjährige Bindung von Familien an einen Träger ermöglicht nachhaltige Zugänge: Wenn Familien über mehrere Jahre Kontakt zu der Kindertagesstätte oder zu Einrichtungen des Trägers haben, lernen sie neue Menschen kennen und werden an den Träger gebunden.

Praxisbeispiele

Zusammenarbeit mit Familien finanzieren

Diese Form der Trägerorientierung stellt vor allem personelle Anforderungen an die zuständige Trägerebene, da über das Regelpersonal in der Kindertageseinrichtung hinaus Personalstunden bereit gestellt werden. In der Untersuchung werden Finanzierungshilfen (Ideen, Beratung zu Finanzierungsmöglichkeiten von Projekten und Programmen, Mittelakquise und Mittelabwicklung), Informationsfluss (Informationstransfer innerhalb einer Trägerschaft als interner Wissenstransfer und in der Verknüpfung unterschiedlicher Informationsquellen außerhalb der Trägerschaft), Vernetzung (Einrichtungen mit Planungs- und Beratungsnetzen verbinden) sowie die Koordination von Programmen, Maßnahmen und Fachdiensten angesprochen. Darüber hinaus werden zugehende Arbeiten der „mobilen Sozialarbeit" oder die der Multiplikatorinnen aus der Elternschaft begleitet.

Am Beispiel zur Finanzierung eines Programms wird deutlich, dass darüber hinaus Akquise- und Werbetätigkeiten in den Kindertageseinrichtungen geleistet werden mit dem

Ziel, Institutionen und Organisationen vor Ort in Kooperationspartnerschaften einzubinden (z. B. Kirche, Schule, Vereine). Leitungskräfte machen sich auf den Weg und gehen regelrecht „Klinkenputzen". Sie sprechen Organisationen, Unternehmen und Einzelpersonen für Sponsoring an (z. B. Geschäfte, Banken, Selbständige im Gesundheitswesen). Sie sind (oftmals unter Einbeziehung der zuständigen Trägerebene) sozial- bzw. lokalpolitisch aktiv, um einen möglichst engen und vertrauensvollen Kontakt zu politischen Entscheidungsträgerinnen und -trägern herzustellen bzw. zu pflegen. Diese werden von den Angeboten und Plänen der Einrichtung überzeugt und für spezifische Anliegen gewonnen. Dazu heißt es:

Als wir für das Programm Geld brauchten, habe ich viele Leute im Ort aufgesucht, den Bäckermeister, Praxen für Krankengymnastik... den Heizungsbauer... durch alle Bevölkerungsschichten hindurch. Ich weiß nicht, ob es jemanden gibt, bei dem ich nicht war. Und ich habe noch die Vorsitzende unseres Trägers gebeten, Fürsprecherin bei der Politik zu sein.

„Mobile Sozialarbeit" hinzuziehen

Wir haben die von den Leiterinnen benannten Inhalte der „mobilen Sozialarbeit" in Einrichtung unterstützende Leistungen und Familien sensibilisierende Arbeit unterteilt. Die Familien sensibilisierende Arbeit bezieht sich auf Vertrauensbildung, Erkundung von Interessen und Vorbereitung von Angeboten. Kontakte werden über Gesprächsecken in der Einrichtung (z. B. im Eingangsbereich) hergestellt. Vertrauen soll durch Hausbesuche und Begleitung zu Institutionen und Organisationen gefestigt werden. In den Prozessen werden Interessen von Müttern und Vätern erkundet, Begabungen entdeckt. Die „mobile Sozialarbeit" initiiert und organisiert Angebote und bezieht Mütter und Väter ein. Die Einrichtung unterstützende Arbeit bezieht sich auf Kultur- und Sprachmittlung, Beratung, Weiterleitung zu Fachstellen, Kontaktaufbau und Vernetzung in lokalen Arbeitsgruppen und Gremien.

In einem Erfolgsbeispiel haben wir folgende Merkmale gefunden: Arbeitsprozesse werden arbeitsteilig gestaltet. Ein durch unterschiedliche Ausbildungen (Erzieherin oder Sozialarbeiterin/Sozialarbeiter) bestehendes Hierarchiegefälle wird durch gleichrangige Beteiligung und *ständigen dialogischen* Austausch gemindert. Mobile Fachkraft und Leitungskraft sind gleichermaßen in Planungs- und Entscheidungsprozesse des Trägers eingebunden. Sie sitzen beispielsweise im Leitungsausschuss zusammen. Absprachen zur Arbeitsteilung (Administration, Protokolle usw.) werden von der Leitung als Entlastung bezeichnet. Über kurze Wege können Informationen ausgetauscht werden. Die Leitungskraft schildert einen arbeitsteiligen Prozess, der im Zusammenhang mit der Finanzierung eines Projektes steht:

In einer Runde wurde „Aktion Mensch" angesprochen. Das habe ich an den Herrn („mobiler Sozialarbeiter" d. V.) weitergegeben, der sich dann die Bedingungen durchgelesen hat und wir haben gesagt, gut das passt. Das probieren wir.

Die Arbeitsteilung wird von der Leitungskraft in der unterstützenden Funktion wahrgenommen und geschildert.

Impulse für die Praxis

Die Ergänzung der Elternarbeit durch mobile Sozialarbeit wird jedoch auch ambivalent bewertet. So wird problematisiert, dass möglicherweise vertrauensvolle Prozesse unterbrochen werden, wenn der Transfer zwischen Erziehe-rin/Einrichtung und der externen Fachkraft (Sozialarbeiterin/Sozialarbeiter) nicht gewährleistet ist. In Einzelfällen entfallen Absprachen aus Datenschutzgründen, oder die pädagogischen Fachkräfte sind durch fehlende Personalstunden oder mangelnde Zeitressourcen daran gehindert, selber Gespräche mit den Müttern und Vätern (insbesondere mit sogenannten „Problemfamilien") zu führen. In Bezug auf erhoffte Ressourcenbündelung wird skeptisch angemerkt:

Die Idee ist gut, an manchen Stellen entlastet es. Elternarbeit ist vielschichtig. Manchmal wäre es direkter und einfacher, wir würden ein zusätzliches Stundenpotenzial haben.

An dieser Stelle wird deutlich, dass der Einsatz der „mobilen Sozialarbeit" nicht durch einfache Division und quantitativ ausgerichtete Rechenexempel zu lösen ist. In der Forschung hat sich gezeigt, dass der kommunikative Austausch zwischen den unterschiedlichen pädagogischen Fachkräften und den Eltern ausdifferenziert werden muss. Im Mittelpunkt steht die Frage danach, wie es gelingen kann, die Balance zwischen Entlastung (durch mobile Sozialarbeit) und neuen Arbeitsbelastungen (ausreichender Zeit für vertrauensbildende Gespräche) zwischen den pädagogischen Fachkräften und den Familien herzustellen. Diese Frage ist in den konkreten Situationen unter den gegebenen personellen, materiellen und strukturellen Gegebenheiten zu diskutieren.

4.4 Mobilität herstellen

Das Thema Mobilität spielt im Arbeitsalltag von Einrichtungen, die im ländlichen oder kleinstädtischen Bereich angesiedelt sind, eine große Rolle. Es gibt meist nur eine kleine Anzahl sozialer Einrichtungen, Einzugsgebiete sind weiter gefasst als in Städten, oftmals ist der öffentliche Nahverkehr nur zu bestimmten Tageszeiten nutzbar. Wichtige Anlaufstellen für Familien sind nicht mit Bussen, Bahnen oder Sammeltaxen erreichbar. Diese Bedingungen sind in der täglichen Arbeit gegenwärtig. Sie wirken innerhalb der Einrichtungen (bezogen auf Planung, Organisation und Durchführung von Angeboten der Elternarbeit usw.) und beeinflussen die einrichtungsübergreifende Vernetzung und Kooperationen. Die Lebensgestaltungsmöglichkeiten der Familien sind ebenfalls von strukturellen Herausforderungen durchdrungen. An vielen Stellen und in vielen Situationen müssen Entfernungen überbrückt werden, um gelingende Arbeit gewährleisten zu können. Es werden Fahrdienste organisiert, Hausbesuche ermöglicht, Kontakte und Verbindungen zu anderen Einrichtungen und weiter entfernten Orten aufrecht erhalten. Fachleute aus anderen Trägerschaften und Spezialisten werden in die eigene Einrichtung eingeladen, um Projekte anzubieten. Die Kindertageseinrichtungen stehen hier vor besonderen Herausforderungen, die wir im Folgenden beschreiben.

Überblick zu wesentlichen Merkmalen

- Die Einrichtung liegt in Gemeinden oder Kleinstädten, die durch eine eher wenig ausdifferenzierte oder geringe Infrastruktur charakterisiert werden können.
- Die Einrichtung liegt in räumlicher Nähe zu Gemeinden oder Städten, die sich in ihrer Infrastruktur ergänzen.
- Die Einrichtung liegt in räumlicher Nähe zu Großstädten.

Praxis leitende Thesen

Wenn Familien in ländlichen Gegenden leben, wenig oder gar nicht mobil sind, kein privates Fahrzeugs nutzen können oder öffentliche Nahverkehrsverbindungen fehlen, sind sie von sozialen Angeboten regelrecht abgeschnitten. Kindertageseinrichtungen haben Wege beschritten, um dieser strukturellen Benachteiligung entgegen zu wirken.

Wenn es gelingt, Müttern, Vätern und ihren Kindern Beratungsangebote sowie Freizeit- und Bildungsprojekte in der Nähe ihres Wohnortes zu ermöglichen (z. B. in Schulen und Kindertageseinrichtungen), dann gelingen Zugänge besser. Es können Handlungs- und Gestaltungsspielräume erschlossen bzw. erweitert werden. Die Einrichtungen stoßen dabei jedoch an personelle und räumliche Grenzen. Hier ist die Unterstützung durch Politik sowie örtliche Vernetzungsstrukturen und Finanzen gefragt, um Kindertageseinrichtungen und Familien zu entlasten. Eine bedarfsgerechte, an den Bedürfnissen der Familien orientierte pädagogische Arbeit kann auf diese Weise gewährleisten werden.

Praxisbeispiele

Entfernungen als Hindernis

Insbesondere im ländlichen Bereich, aber auch in Kleinstädten sind strukturell bedingt meist weite Wege zurückzulegen: Zwischen dem Wohnort der Familien und der Kindertageseinrichtung; zwischen verschiedenen Angeboten sozialer und kultureller Infrastruktur; zwischen Trägern oder auch zwischen unterschiedlichen Standorten des eige-

nen Trägers. Um Entfernungen zu überbrücken sind pädagogische Fachkräfte und Familien auf private Fahrzeuge angewiesen, wenn sie die Entwicklung der Kinder fördern möchten. Eine Leiterin äußert sich zu diesem Sachverhalt:

Manchmal ist es schwierig ein geeignetes Förderangebot oder einen Hortplatz zu finden, weil es keine Busverbindung gibt.

Die Beteiligten müssen Zeit einsetzen, um Entfernungen zu überbrücken. Fahrten zu Arbeitskreisen oder Vernetzungstreffen müssen geplant und mit organisatorischem Mehraufwand in den Kindergartenalltag integriert werden. Eine Leiterin berichtet über das erforderliche Zeitmanagement:

Ich habe eine Kollegin, die in der Nähe der Familien wohnt. Sie kann drei Besuche an einem Nachmittag einplanen. Sie fährt um eins los und ist bis fünf Uhr unterwegs.

Eine erschwerte Situation beschreiben einzelne Leitungskräfte auch bezogen auf Möglichkeiten, über Fundraising und Sponsoring an zusätzliche Projektmittel oder materielle Ausstattung zu kommen. Sponsoren zu finden sei in Großstädten leichter, weil dort große Firmen ansässig sind.

Die Situation in der Kleinstadt schildert eine Leiterin folgendermaßen:

Hier ist es ein bisschen schwierig, entsprechende Sponsoren zu finden, weil es kaum große Firmen gibt. Ich denke, es ist nicht unbedingt Aufgabe der einzelnen Kindertagesstätte, sondern es sollte über die Politik nach außen transportiert werden.

In ländlichen Gegenden sind die Einrichtungen stärker auf sich gestellt. Es ist abhängig vom Engagement der Leitungskräfte, teilweise auch vom Wohnort der Fachkräfte, ob und inwiefern sich unterstützende Strukturen erschließen lassen: Leben die Fachkräfte zufällig in der Nähe der Einrichtung oder in der Nähe einzelner Familien? Oder müssen sie selbst weite Wege zurücklegen? Können sie auch einmal abends an Treffen des Gemeinderates teilnehmen?

Entfernungen überbrücken, Angebote integrieren

Es sind vor allem die Kinder, von Muttern und Vatern aus den unteren Einkommensschichten bzw. deren Familien in prekären Lebenslagen oder Armut leben, die von vielen Angeboten des öffentlichen, kulturellen und sozialen Lebens abgeschnitten sind, sofern ihre Familien nicht über ein Auto verfügen. Die von uns befragten Leitungskräfte kennen diese Lebensumstände und die Hindernisse, die sich den einzelnen Familien in unterschiedlicher Weise stellen:

Keine Frau wird bis an den Rand des Ortes laufen und ihren Sohn dahin (zum Vereinstraining, d. V.) bringen, geschweige denn abholen. Das wird dann vergessen oder wie auch immer. Und die Kleinen können nicht alleine durch die Gegend laufen.

Die oben beschriebenen Versuche, Entfernungen zu überbrücken, stoßen an einrichtungsbezogene Grenzen. Eine Alternative sehen Leitungskräfte darin, Angebote von außen in die eigene Einrichtung zu holen:

Die Angebote müssen frühzeitig in die Kindergärten geholt werden. Beim Fußball, als Angebot für Jungen, sagen wir: ‚Wir haben einen Trainer, der kommt nachmittags hier her. Bringt eure Kinder, wir organisieren das Weitere.‘ So funktioniert das. Und die Kinder werden aus dem Kindergarten wieder abgeholt.

Das (Angebot eines Psychologen) muss einfach im Kindergarten etabliert werden. Nach dem Kindergartentag fahren die Eltern nicht mehr dort hin. In kleinen Städten, wie hier, müssen die Eltern in die

(Großstadt, d. V.) fahren, auch wenn die Anbindung gut ist. Für diese Eltern ist es ein großer Schritt.

Eine wichtige Rolle weisen die Leitungskräfte in diesem Zusammenhang auch den Schulen zu, da die Kinder dort in jedem Fall einen Teil ihres Tages verbringen:

Ja, es wäre sicherlich von Vorteil, wenn es ein Nachmittagsangebot in Schulen gäbe, auch für die Grundschule schon. Das scheint sich mittlerweile zu etablieren.

Bezogen auf die fachliche Weiterentwicklung stehen die Teams vor organisatorischen Herausforderungen. Lange Anfahrtswege sowie die Notwendigkeit, sich auch über Angebote weiter entfernter, teilweise mehrere (Groß-)Städte auf dem Laufenden zu halten bzw. andere Träger auf sich selber aufmerksam zu machen, fordern den Leitungskräften ein striktes Zeitmanagement und organisatorische Kreativität ab:

Über Fortbildungsangebote suchen wir die Verknüpfung zu Großstädten, damit wir die Universitäten erreichen oder sie uns erreichen. Der Blick zur Forschung, zur wissenschaftlichen Begleitung darf nicht fehlen.

Impulse für die Praxis

In unseren Gesprächen wurde sehr deutlich, dass die Leitungskräfte auf vielfältige Weise versuchen, mit den Anforderungen, die sich vor allem im ländlichen und kleinstädtischen Bereich stellen, umzugehen und die Herausforderungen durch den Einsatz von Ressourcen zu meistern. Das ist zum Einen für die Einrichtungen ein Grundstein für gelingende Arbeit mit Müttern, Vätern und Kindern ihres Einzugsgebietes. Zum Anderen kann insbesondere der dafür notwendige logistisch-organisatorische Aufwand Leitungskräfte wie Erzieherinnen tendenziell überanstrengen. Mit zum Teil privaten Mitteln (PKW-Nutzung für Fahrdienste) und unbezahlten Überstunden arbeiten einzelne Leitungskräfte an ihrer Belastungsgrenze. Hierbei fallen im Gegensatz zu Einrichtungen, die in infrastrukturell besser ausgestatteten Gebieten angesiedelt sind, fehlende Vernetzung und Kooperationen deutlich ins Gewicht: Trägerübergreifende kollegiale Unterstützung muss erschlossen werden. Eine punktuelle oder kontinuierliche Einbindung von Müttern und Vätern kann aufgrund weiter Entfernungen erschwert sein. Jeder Weg erfordert logistischen Aufwand. Wie komme ich von A nach B? Wer kann fahren? Zu welchen Zeiten können Familien außerhalb der Bring- und Abholzeiten in die Einrichtung kommen? An welchen Orten und mit welchen Kooperierenden können wir Projekte initiieren, die erreichbar sind? Wie kriegen wir ausreichend Teilnehmer und Teilnehmerinnen für ein Gruppenangebot zusammen? Wie gehen wir um, mit der Kluft zwischen motorisierten Familien und denen, die sich auch die Nutzung des öffentlichen Nahverkehrs nicht leisten können? Diese Fragen stellen sich den Fachkräften tagtäglich. Sie haben Einfluss auf die konkrete Ausgestaltung der Arbeit. Die solchermaßen geforderten Leiterinnen können sich fragen, wie sie eine Balance herstellen. Wie sie konkurrierende Ziele ausgleichen, die sich aus der Entlastung der Mütter und Väter und der freiwilligen Einbindung von Familienangehörigen oder Ehrenamtlichen aus ortsansässigen Organisationen ergeben. Bei der Planung sind die durch den zeitlichen Mehraufwand entstehenden Fragen mitzubedenken. In welchem Verhältnis stehen zeitlicher Aufwand und Vertrauensbildung?

4.5 Mütter an Bildungsprozessen ihrer Kinder beteiligen

In niedersächsischen Städten und Gemeinden werden Elternbildungsprogramme zur Sprachförderung (z. B. „Opstapje", „Hippy" oder „Rucksack") eingesetzt, um Kinder zu fördern und „Eltern zu bilden". In den Familien, die aus Sicht der Fachkräfte eher selten in Erscheinung treten, werden in der Regel die Mütter angesprochen: Sie werden als Multiplikatorinnen eingesetzt oder in Müttergruppen geschult mit dem Ziel, Einblicke in die Entwicklung ihrer Kinder zu erlangen und Elternkompetenzen zur Verbesserung der Bildungschancen ihrer Kinder einbringen zu können. Programme wie „Opstapje" oder „Hippy" schulen Mütter, die als Hausbesucherinnen in die Familien gehen (vgl. Karin Jampert, Petra Best, Angela Guadatiello, Doris Holler, Anne Zehnbauer 2007).

Das in den Niederlanden entstandene Förderprogramm „Rucksack" zeichnet sich beispielsweise dadurch aus, dass Mütter mit Migrationshintergrund als Multiplikatorinnen eingesetzt werden, um Kontakte zu Frauen in vergleichbarer Lebenslage herzustellen und sie in Müttergruppen für die Sprachförderung der Kinder zu sensibilisieren, damit diese ihre Deutschkenntnisse verbessern. Die Sprachförderung wird von den Fachkräften in den Kindertageseinrichtungen in Kindergruppen durchgeführt (vgl. Annegret Naves, Helmut Schweitzer 2006; Almut Zwengel 2005). Die von diesem Programm ausgehenden Impulse richten sich an Kinder, Mütter und an die in den Einrichtungen tätigen Fachkräfte der operativen und organisierenden Ebene. Verbale und nonverbale Interaktionsformen werden auf den unterschiedlichen Ebenen gestärkt. Das fördert die Vertrauensbildung. Mütter mit Migrationshintergrund kommunizieren in der Doppelfunktion als Multiplikatorin (für Sprachförderung) und als Gruppenleiterin mit Müttern (die sich nicht verständlich in Deutsch ausdrücken können) sowie mit Fachkräften und mit externen Koordinierungsfachkräften. Sie werden durch die Koordinierungsfachkräfte gestärkt, die durch regelmäßige Gespräche mit den Fachkräften der Kindertageseinrichtungen Impulse in die Einrichtung hineintragen und im Austausch mit den Fachkräften stehen und sie aus einer externen Position beraten können.

Wir waren in unseren Vorüberlegungen davon ausgegangen, dass die o. g. Elternbildungsprogramme in vielen Einrichtungen eingesetzt werden. Es hat sich jedoch gezeigt, dass wenige der siebzehn Einrichtungen, die wir nach ihren Erfolgsgeschichten befragt haben, mit diesen Programmen arbeiten. In über zwei Drittel der befragten Einrichtungen in Stadt wie Land finden sich diese Programme nicht. Das Ergebnis bezieht sich auf die hier beschriebenen Untersuchungsgruppen und ist nicht repräsentativ (vgl. Design im Anhang). Vergleichbare Strukturmerkmale und Praxis leitende Thesen zur Entscheidung für oder gegen ein Elternbildungsprogramm zur Sprachförderung lassen sich auf Basis der Untersuchungseinheiten deshalb nicht beschreiben.

In einer Gruppendiskussion mit Koordinierungsfachkräften, Multiplikatorinnen aus der Elternschaft, Leitungskräften und Fachberaterinnen aus Niedersachsen haben wir dieses Thema diskutieren lassen. Die Entscheidung für oder gegen ein Programm hängt danach häufig von Zufällen, von der Finanzierung sonstiger Projekte und von anderen Kriterien ab. Für ländliche Gegenden wird auf die geringere Anzahl von Familien mit Migrationshintergrund

hingewiesen, bei großer Heterogenität und Sprachenvielfalt. Fehlende Räume oder personelle Ausstattung werden ebenso genannt wie ein erhöhter Koordinierungs- und Verwaltungsaufwand, der mit dem in den Einrichtungen vorhandenen Personalstand nicht zu leisten ist.

Wir haben in den ländlichen Gegenden eigene Angebote vorgefunden, die mit dem Anspruch entwickelt worden sind, Mütter und Väter in die Bildungsprozesse einzubeziehen. Die pädagogische Zielsetzung wird oft mit den oben beschriebenen Verfahren umgesetzt. Sie beziehen Mütter und Väter weniger in Planungsprozesse ein. Häufig richtet sich die Zusammenarbeit implizit kompensatorisch aus, wenn Mütter für Honorararbeiten als Vorleserinnen gewonnen werden oder sich ehrenamtlich an der Vorbereitung pädagogisch ausgerichteter Feste beteiligen, indem sie Bastelarbeiten mit herstellen. Die sich hinter den Aktivitäten verbergende pädagogische Zielsetzung richtet sich auch an Mütter (mit ihren angenommenen oder wahrgenommenen Kenntnislücken, vgl. Kapitel 1), selbst wenn die Förderung der Kinder im Mittelpunkt steht. Diese indirekte, eher unsystematische Beteiligung an den oft ganzheitlich orientierten „Bildungsprozessen" der Kinder, wird in den programmorientierten Angeboten systematisiert. Kinder, Mütter und Fachkräfte kommen auf den unterschiedlichen Handlungsebenen miteinander ins Gespräch. Im Idealfall können sie voneinander und miteinander lernen. Wir stellen im Folgenden Ergebnisse zur programmierten Elternbildung vor.

„Elternbildung" mit Programm

Beispielhaft diskutieren wir Möglichkeiten und Grenzen zum Elternbildungsprogramm „Rucksack".[3] Für die Arbeit mit dem Programm haben wir wesentliche Merkmale und praxisleitende Thesen formuliert. Wir verzichten an dieser Stelle auf ausführliche Informationen. Diese finden sich bei der Regionalen Arbeitsstelle zur Förderung von Kindern und Jugendlichen aus Zuwanderfamilien in Essen (vgl. www.raa.de).

---

[3] Aus Gründen der Anonymisierung werden Sachverhalte vereinfacht. Abweichungen und Besonderheiten der einzelnen Programme können hier nicht berücksichtigt werden.

Überblick zu wesentlichen Merkmalen

- Unterstützung der Einrichtungen durch Steuerung und Koordinierung innerhalb der Trägerschaft oder trägerübergreifend (ggf. durch Koordinierungsfachkräfte).
- Teams der Kindertageseinrichtungen (pädagogische Fachkräfte) qualifizieren sich, die Umsetzung des Programms wird in Dienstbesprechungen reflektiert. Kinder werden in den Kindertageseinrichtungen in Deutsch gefördert.
- Pädagogische Fachkräfte aus den Einrichtungen oder externe Sprachförderkräfte sind für die Sprachförderung der Kinder zuständig.
- Mütter mit Migrationshintergrund qualifizieren sich als Multiplikatorinnen für ein Programm.
- Pädagogische Fachkräfte oder Sprachförderkräfte sind Ansprechpartnerin für das Programm. Sie begleiten die als Multiplikatorinnen eingesetzten Mütter.
- Andere Mütter treffen sich in sprachlich homogenen oder sprachlich gemischten Gruppen außerhalb der Familien (meist in den Kindertageseinrichtungen) und werden von den fortgebildeten Multiplikatorinnen aus

der Elternschaft in die Systematik des Programms eingeführt. Über Arbeitsmaterialien sind sie an der Sprachförderung der Kinder beteiligt. Im Rahmen der Gruppenveranstaltungen besuchen sie Bildungseinrichtungen außerhalb der Kindertagesstätte.

• Die am Programm beteiligten Mütter üben in ihrer Muttersprache mit den Kindern zu Hause.

Praxis leitende Thesen

Auf den unterschiedlichen Handlungsebenen sind systematische Rückkopplungsprozesse implementiert. Sie sichern den Wissenstransfer und fördern Praxisentwicklung. Mütter treffen sich in Gruppenveranstaltungen und werden über vermittelte Kommunikationsprozesse an diesen Entwicklungen und an der Sprachförderung ihrer Kinder beteiligt. Über Multiplikatorinnen aus der Elternschaft können die wenig Deutsch sprechenden Mütter Vorschläge zu Erziehungsthemen einbringen.

Die Multiplikatorinnen, die sich im Idealfall mit den Müttern in den Gruppen in deren Muttersprache verständigen, geben die Impulse aus den Müttergruppen in regelmäßigen Besprechungen an Koordinierungsfachkräfte weiter. Diese sind außerhalb der Einrichtungen beschäftigt. Sie können die übermittelten Impulse in den Einrichtungen ins Gespräch bringen. Dort treffen sie sich regelmäßig mit den Fachkräften (Fachkräfte für Sprachförderung oder von der Einrichtung benannte pädagogische Fachkräfte). Die übermittelten Anregungen können in Dienstbesprechungen im ganzen Team besprochen werden.

Wenn diese Rückkopplungsprozesse durch regelmäßig stattfindende Reflexions-, Organisations- und Planungsgespräche abgesichert sind, werden Fachkräfte in den Kindertageseinrichtungen entlastet, weil die an den Gruppen teilnehmenden Mütter sich mit Alltagsfragen an die Multiplikatorinnen aus der Elternschaft wenden.

Kommunikationsprozesse zwischen Müttern und Fachkräften werden aufrechterhalten: Die Mütter besprechen in den Gruppen die pädagogischen Arbeitsmaterialien des Sprachförderprogramms. Sie vertiefen diese zu Hause mit ihren Kindern in der Muttersprache. Parallel erarbeiten pädagogische Fachkräfte die Themen des Programms in Deutsch mit den Kindern. Deren Mütter – die an den Gruppenveranstaltungen teilnehmen – können als Sachverständige mit den pädagogischen Fachkräften kommunizieren, indem sie über die Arbeitsmaterialien mit ihnen in Kontakt treten.

Es werden: Erziehungskompetenzen der Mütter gestärkt, sprachliche Kompetenzen der Kinder erweitert und dialogische Prozesse gefördert. Darüber hinaus erweitern die beteiligten Mütter ihren Aktionsradius, weil sie im Rahmen der Gruppentreffen Bildungseinrichtungen des Ortes (z. B. Schulen, Volkshochschule) besuchen. Die auf verschiedenen Handlungsebenen gestärkten Austauschprozesse fördern Chancengerechtigkeit. (vgl. Kapitel 1, kritische Anmerkungen zur Mütterbildung).

Impulse für die Praxis

In der Evaluation des Elternbildungsprogramms „Rucksack" hat sich gezeigt, dass dieses Programm unter sozialarbeiterischer Perspektive sinnvoll eingesetzt werden kann. Die Vertrauensbildung gelingt. Mütter erhalten Einblick in Bildungseinrichtungen und deren Arbeitsweisen. Sie gehen in die Kindertageseinrichtung, in Schulen usw.; sie können ihre Artikulationsmöglichkeiten ausweiten und Handlungskompetenzen stärken. Entwicklungspotenziale für die Zusammenarbeit mit Familien ergeben sich in mehrfacher Hinsicht:

(1) In sprachlich heterogen zusammengesetzten Gruppen können sich Mütter und Multiplikatorinnen aus der Elternschaft nicht oder nur schwer verbal verständigen. Dann werden die unter sprachwissenschaftlicher und pädagogischer Perspektive kritisierten Arbeitsmaterialien des Programms bedeutender, weil sie das Geschehen stärker beeinflussen (zur Kritik der Arbeitsmaterialien mit hierarchischen Lernformen, vgl. Elsbeth Krieg, Birgit Meinig, Simone Wustrack 2010). Die Beteiligten sind stärker auf Gesten, Mimik und Interpretationen angewiesen. Es besteht die Gefahr verallgemeinernder Aussagen, Annahmen und Zuschreibungen. Die eben beschriebene Artikulationsmöglichkeiten (Ideen einbringen, Kritik äußern) entfallen, wenn die Mütter sich mit den Multiplikatorinnen aus der Elternschaft nicht oder nur unzureichend verständigen können. Dann lassen sich die Gruppenprozesse nicht über sprachliche Ausdrucksformen steuern. Das fordert die nonverbalen und damit professionellen Kenntnisse der eingesetzten Multiplikatorinnen aus der Elternschaft.

(2) In der Evaluation hat sich auch gezeigt, dass die systematische Zusammenarbeit zwischen den verschiedenen Handlungsebenen begrenzt ist. Die idealtypisch formulierten Thesen können unter den tatsächlichen Wirklichkeiten der Praxis oft nicht ausgestaltet werden. Rahmenbedingungen für partnerschaftlich angelegte Weiterentwicklungen der pädagogischen Instrumente (z. B. Arbeitsmaterialien) sind nicht immer gegeben. Zeit für interkulturelle Dialoge fehlt. Im Gruppenprozess entwickeln sich Dynamiken mit zwischenmenschlichen Konflikten, die begleitet werden müssen, wenn sie nicht zu Ausschließungsprozessen führen sollen. Dann ist es wichtig, die Gruppenleitungsfähigkeiten der Mütter, die als Multiplikatorinnen arbeiten, in der Vorbereitung ausreichend zu berücksichtigen. Wenn das Wissen nicht hinreichend ins gesamte Team kommuniziert wird entstehen Konflikte (vgl. Lüters/Romppel 2009).

(3) Auf Seiten der eingesetzten Multiplikatorinnen mit Migrationshintergrund können Ermüdungserscheinungen entstehen, weil eine Qualifizierung ohne Berufsabschluss mit Finanzierung durch Honorare die Frauen nicht ausreichend motiviert. Das führt zu Abbruch und Ausstieg.

Auch kann die Motivation dieser Mütter sinken, wenn die Kinder aus den Einrichtungen herausgewachsen sind. Aus frauenpolitischer Perspektive muss gefragt werden, welche Möglichkeiten der Berufseinmündung und Ausbildung in den jeweiligen Standorten entwickelt werden können, um die Programme zu erweitern? Wie können die erweiterten Artikulationsmöglichkeiten im Sinn einer angemessenen Vereinbarkeit von Familie und Beruf ausgebaut werden? Wie können Mütter ihre Chancen auf dem Erwerbsarbeitsmarkt verbessern sowie angemessen qualifiziert und entlohnt werden (vgl. Kapitel 1)?

Chancen und Herausforderungen der professionellen Praxis liegen in der Initiierung und Ausgestaltung interkultureller Dialoge, die „Fremdheit" mildern, Vertrauen fördern und Lernfreude stärken. Die Evaluation hat gezeigt, dass kommunikative, aktivierende und soziale Elemente ein lernförderliches Klima schaffen. In verständigungsorientierter Begegnung wird Freude geteilt (vgl. ebd.). Aus sozialarbeiterischer Perspektive spricht die Begeisterung der Beteiligten aller Handlungsebenen über Erfolge letztlich für den Einsatz der Programme in einer konzeptionellen Erweiterung (unter Berücksichtigung der eben genannten

Erfahrungen). Darüber hinaus müssen die nötigen Rahmenbedingungen für den personellen Einsatz gewährleistet werden (vgl. Sachstandsbericht zur flächendeckenden Sprachförderung in der Landeshauptstadt Hannover 2008).

Inwieweit diese Elternbildungsprogramme (in einer erweiterten Form) in den Einrichtungen des ländlichen Umfelds eingesetzt werden können, wird von den in der o. g. Gruppendiskussion benannten Kriterien abhängen. An dieser Stelle kann weiter geforscht werden. Die bestehenden Rahmenbedingungen, Infrastrukturen und personellen Erfordernisse müssen vor Ort abgewogen werden. Nicht zuletzt ist zu fragen, wie die in Angeboten, Dienst- und Serviceleistungen implizite Förderung von Konsumhaltungen gesellschaftspolitisch gedeutet wird. Inwieweit lassen sich die konzeptionellen und kreativen Weiterentwicklungen jenseits von Programmschienen als Regelmaßnahmen finanzieren? Wie lassen sich geschlechtergerechte Lösungen konzipieren und umsetzen?

Im lokalen Umfeld zusammenarbeiten

4.6 Im lokalen Umfeld zusammen arbeiten

Die Antworten auf die von uns in den Interviews gestellte Frage nach Bedeutung und Umsetzung von Sozialraumorientierung lassen sich überwiegend unter die Überschrift Vernetzung und Kooperation im Nahraum sortieren. In Städten wird oftmals auf den Stadtteil Bezug genommen, in ländlichen Regionen sind Gemeinden, teilweise auch Landkreise die Bezugsgrößen der Einrichtungen.

Wir sind auf viele Einrichtungen gestoßen, die eng vernetzt sind: Trägerintern wie trägerübergreifend, zielgruppen- und arbeitsfeldübergreifend oder themenspezifisch, in Fachgremien, Sozialraumgremien, politischen Beiräten und Ausschüssen u. v. m. Manchmal geht die Initiative zu Vernetzung und Kooperation von der Leitungskraft aus, manchmal schafft der Träger Strukturen, in anderen Fällen schließen sich die Einrichtungen bereits bestehenden oder neu ins Leben gerufenen Arbeitskreisen an. Wie bereits in den Punkten zuvor hervorgehoben, hängt auch die Umsetzung dieses Schwerpunktes entscheidend von lokalen, träger- und einrichtungsspezifischen Faktoren ab, die jeweils individuell ausgelotet und ausgestaltet werden (müssen).

Dennoch haben wir übergreifende Aspekte herausgearbeitet, die vor allem dazu dienen, die Bandbreite sichtbar zu machen und den Blick auf „Chancen" wie auch auf „Grenzen" dieses Schwerpunktes zu richten.

Überblick zu wesentlichen Merkmalen

- Mindestens eine Fachkraft der Einrichtung nimmt regelmäßig an institutionalisierten lokalen Gremien teil (Arbeitskreise, Fachgruppen, Sozialraumgremien usw.).
- Der Fokus der Gremien ist überwiegend auf den lokalen Nahraum orientiert (Stadtteil, Gemeinde, Landkreis).
- Es gibt klare Zuständigkeitsvereinbarungen bezogen auf Möglichkeiten und Grenzen der Teilnahme an Vernetzungstreffen.
- Die Vernetzung wird vom Träger unterstützt.
- Die Einrichtung nutzt Vernetzungstreffen im lokalen Nahraum in zwei Richtungen: zur Informationsbeschaffung und zur Informationsweitergabe.

- Das Vernetzungstreffen kann darüber hinaus handlungsaktiv sein und Aktionen und Projekte unterstützen.
- Über Netzwerkstufen wird Partizipation gefördert (Vorbereitung, Vertrauensbildung, fachliche Kommunikation, Selbstverständnis und Aufgabendefinition, Vernetzung, Differenzierung; vgl. Irina Bohn, Dieter Kreft, Gerhard Segel 1997).

Praxis leitende Thesen

Die Verbindung im lokalen Umfeld ist für alle Beteiligten ein wechselseitiges Geben und Nehmen: Austausch, Informationsfluss, informelle Absprachen und strategische Planungen (von Konzepten, Angeboten, teilweise öffentlichkeitswirksamen Aktionen) stehen im Mittelpunkt. Gelingensfaktoren sind Vertrauen, Klarheit bezogen auf Strukturen und Zuständigkeiten, Transparenz und Offenheit.

Die Leitungskräfte übernehmen eine sehr aktive, offensive Funktion: Sie betreiben Kontakt- und Netzwerkpflege, Öffentlichkeitsarbeit und Mittelakquise mit großem Engagement und hohem zeitlichen Aufwand. Diese Bemühungen können jedoch als standort- bzw. existenzsichernd eingeschätzt werden – sie sind unverzichtbar, zumindest dann, wenn der Träger nicht ausreichend unterstützt.

Praxisbeispiele

Informationsfluss sichern – Horizont erweitern

Lokale Vernetzung erfüllt für die Einrichtungen in erster Linie zwei Funktionen: Es geht um die Gewinnung und um die Weitergabe von Informationen bezogen auf Anliegen und Perspektiven der eigenen Arbeit. Es ist ein Wechselspiel aus Geben und Nehmen, das auf verschiedenen Ebenen und mit unterschiedlicher Fokussierung betrieben wird. Zum einen dient lokale Vernetzung der Öffentlichkeitsarbeit der Einrichtung und damit nicht zuletzt ihrer perspektivischen, existenziellen Absicherung: Je stärker bekannt und anerkannt die Einrichtung ist, desto fester kann sie sich im Lokalen verankern – und damit etablieren. Hier nutzen Leitungskräfte lokale Vernetzung strategisch zur Weitergabe von Informationen und Anliegen aus der Einrichtung hinaus (Informationsfluss nach außen). Aber auch der Informationsfluss nach innen ist ein wesentlicher Motivationsaspekt bezogen auf die Teilnahme an lokalen Vernetzungen. Über kurze Wege sichern sich Leitungskräfte

Zugänge zu Informationen aus Politik, Verwaltung und Fachkreisen, die ihre Arbeit betreffen bzw. beeinflussen könnten. So gewinnen sie Einblicke in aktuelle, fachpolitische Diskussionen und können rechtzeitig und gezielt (re-)agieren. Damit sichern sie sich ein Stück Autonomie und erweitern, insbesondere in Kooperationsbeziehungen, ihre Handlungsspielräume. In Abwägung der Balance zwischen den Trägern und den Einrichtungsinteressen.

Weil die Wege kurz sind. Also man kennt, man weiß, wer im Rathaus sitzt. Man kann da anrufen. Und je länger man hier arbeitet, desto länger kennt man die Leute und hat auch noch mal andere Kontakte und weiß auch schneller, wen man ansprechen muss.

Zum anderen wird lokale Vernetzung genutzt, um die Handlungsspielräume und Artikulationsmöglichkeiten von Familien, Müttern und Vätern zu erweitern. Hier setzen die Einrichtungen an dem Vertrauen an, das Mütter wie Väter in die Fachkräfte haben und nutzen dies, um Brücken zu anderen Angeboten und Einrichtungen zu bauen (vgl. ausführlich Kapitel 2). Uns wurde bezogen auf diesen Aspekt immer wieder die entlastende Funktion lokaler Zusammenarbeit geschildert. Wird die Einrichtung als ein Kettenglied unter anderen wahrgenommen, können Auf-

gaben und „Lasten" auf mehrere Schultern verteilt werden, Kompetenzen gebündelt bzw. gezielt genutzt und letztlich Ressourcen geschont werden. Je transparenter die lokalen Strukturen und die Angebote anderer Träger und Initiativen sind, desto leichter können die Fachkräfte diese Ressourcen für ihre Arbeit mit Kindern, Müttern und Vätern nutzen. Das geschieht durchaus in Konkurrenz mit anderen wichtigen sozialpolitischen Themen.

Sich ins Gespräch bringen

Dieser Aspekt, der entscheidend mit dem zuvor genannten *Informationsfluss sichern* zusammenhängt, wird hier gesondert hervorgehoben. Viele Einrichtungen stehen vor dem Hintergrund aktueller gesellschaftspolitischer Entwicklungen (z. B. sinkende Kinderzahlen in einigen Gemeinden/Städten, politischen Schwerpunktsetzungen usw.) zunehmend unter Rechtfertigungs- und Existenzdruck. Die Ressourcenausstattung ist sehr knapp bemessen, Kreativität zur Beschaffung weiterer Finanzmittel ist gefragt. All diese Aspekte bedingen die zum Teil sehr hohe Orientierung der Leitungskräfte nach außen: in Richtung lokaler Politik, in Richtung finanzstarker Unternehmen/Organisationen und in Richtung potenzieller *neuer Familien*. Eine Leitungskraft beschreibt die Notwendigkeit, sich immer wieder ins Gespräch bringen, sehr enge Kontakte (formell wie informell) pflegen und dabei immer *auf dem Stand der Dinge* zu sein – neben der ganz alltäglichen Leitungstätigkeit. Auf dem Land sind diese manchmal schlicht zu weit entfernt um lokale Besonderheiten kennen und nutzen zu können; aber auch in Kleinstädten z. B. divergieren z. B. Trägerinteressen mit denen der Einrichtungen – ein potenzielles Konfliktfeld, das auszutarieren die Leitungskräfte Zeit und Energie kostet. Sehr deutlich wird auch die Verantwortung, die Leitungskräfte für ihre Einrichtung spüren, annehmen und ausgestalten. *Nicht abwarten, bis etwas passiert – sondern selber machen* kann als Motto vieler Leitungskräfte bezeichnet werden. Das geht oftmals auf Kosten ihrer Freizeit – vieles wird, so schildern es die Fachkräfte, *darüber her gemacht* – weil die verfügbaren Personalstunden zu knapp bemessen sind.

Informelle Wege nutzen

Vernetzung und Kontakte laufen in vielen Fällen in institutionalisierten Bahnen: Über regelmäßige Treffen, Zuständigkeitsregelungen, trägerinterne Vereinbarungen, gemeinsame Absprachen zum telefonischen Austausch usw. Hier sind die Wege und Strukturen meist klar und transparent, es sind Zuständigkeiten und Verantwortlichkeiten festgelegt. Leitungskräfte können diese Wege nutzen.

Wir haben aber auch eine Vielzahl an informellen Wegen gefunden, die insbesondere die Leitungskräfte zum Kontaktaufbau, zur Kontaktpflege, zum Sehen-und-Gesehen-Werden nutzen. So wird oftmals sehr strategisch sondiert, ob es Mütter und Väter mit Fähigkeiten, Kontakten oder Ressourcen gibt, die der Arbeit in der Kindertageseinrichtung nützlich sein können. Wohlhabende Eltern oder solche mit *wertvollen Kontakten* werden für Fördervereine geworben oder um Spenden (Sach- wie Finanzmittel) gebeten; handwerklich geschickte Väter und Mütter werden in den Um- oder Ausbau der Einrichtung einbezogen; in einem Fall hat ein Vater, der Architekt ist, die Freiraumplanung kostenfrei übernommen; Eltern, die bei der lokalen Presse arbeiten, übernehmen einen Teil der Öffentlichkeitsarbeit und sichern den Informationsfluss von der Einrichtung hin in die Stadt/Gemeinde; Mütter und Väter aus Politik und Verwaltung werden in informellen Gesprächen auf Anliegen und Problemlagen der Einrichtung hingewiesen und darum gebeten, diese im Rahmen ihrer Möglichkeiten weiter zu tragen.

Viele Leitungskräfte werden jedoch weit über Elternkontakte hinaus aktiv: In Richtung Politik, Verwaltung, Presse, Geschäftsleute und Unternehmen. Hier sind wir auf kreative, äußerst strategische Vorgehensweisen gestoßen. Das kann ein spontanes Gespräch auf dem Wochenmarkt sein, eine Abstimmung am Rande eines Stadtteilfestes o. ä., regelmäßige Kontaktpflege zu einflussreichen Organisationen oder Unternehmen usw. Auch hier stehen Leitungskräfte vor bedeutenden Herausforderungen: Neben dem zeitlichen Aufwand (*immer dran bleiben – ständige Präsenz*) und der Notwendigkeit, über spezifische Kenntnissen über lokale Strukturen und Machtverhältnisse verfügen (zu müssen) schildern Leitungskräfte zudem trägerbezogene Schwierigkeiten. Trägerinterne Weisungen und Zuständigkeitsregelungen können den Aktionsradius der Leitungskrafte erheblich beschranken. Insbesondere Angestellte der öffentlichen Träger sehen sich hin- und hergerissen zwischen ihrer Position als öffentlich Bedienstete und ihren fach- wie interessenpolitischen Ambitionen für ihre

Einrichtung. Auch sie finden Wege, ihre Anliegen persönlich in Richtung Entscheidungsträger zu lancieren:

Und deshalb ist es so schwierig, nach außen zu gehen. Da ich ja beim öffentlichen Träger tätig bin, darf ich natürlich nicht von mir aus in die Politik gehen. Ich kann meine Arbeit transparent machen, indem wir Straßenfeste gestalten und ich alle gewählten Vertreter der ganzen Parteien einlade. Oder eben, wenn man jemanden so von Angesicht zu Angesicht auf dem Markt trifft, oder wie auch immer. Dann einfach nebenbei etwas erzählen, ohne dass es offiziell ist. Das ist so eine Geschichte. Das ist ja dieser Zwiespalt, in dem wir sind, wenn wir bei städtischen Einrichtungen tätig sind.

Deutlich wird, dass die Leitungskräfte in vielen Fällen sehr intensive und differenzierte Einblicke in lokale Gegebenheiten haben und oftmals auch klare Vorstellungen davon, was getan werden müsste, um ihrer Einrichtung bestmögliche Arbeitsbedingungen zu verschaffen. Dieses Wissen könnte deutlich stärker auch im Austausch von Leitungskräften untereinander genutzt werden; ein „Hindernis" hierbei ist jedoch die oftmals vorhandene Konkurrenz zwischen Einrichtungen und/oder Trägern.

Impulse für die Praxis

Die Vernetzung und Kooperation im Lokalen wird dann als entlastend und hilfreich empfunden, wenn die Leitungskräfte bzw. die Fachkräfte selbst entscheiden können, wie und wo sie sich zu welchem Zweck einbinden. Vor diesem Hintergrund sind derartige Aktivitäten (formeller wie informeller Art) als unverzichtbar für professionelles und auch interessenpolitisches Handeln einzuschätzen. Ambivalenzen zeigen sich dennoch an manchen Stellen. Fehlt beispielsweise die Unterstützung der Trägerorganisation, wird Vernetzung nicht nur zum Drahtseilakt, sondern auch zur Grauzone: Termine in der Arbeitszeit wahrnehmen oder darüber hinaus? Welche Informationen dürfen verbreitet werden – welche nicht? Wie weit sind Forderungen in Richtung Politik möglich? Wo sind Grenzen?

Ein weiterer Aspekt ist das Spannungsfeld der Konkurrenz der Träger und der Einrichtungen untereinander mit den vielfältigen Möglichkeiten, die lokale Vernetzung für abgestimmtes, solidarisches Handeln bietet. Konkurrenz wird oftmals verschleiert; auch wenn sie in vielen Fällen mindestens unterschwellig zutage tritt – offen thematisieren will sie kaum eine Fachkraft. Wir haben unterschiedliche Einschätzungen vernommen. Da, wo der Träger als weit weg empfunden wird, berichten Einrichtungen davon, dass sie (auch trägerübergreifend) gut und kollegial zusammen arbeiten. Im Zuge der Entwicklung von Familienzentren beschreiben einzelne Leitungskräfte jedoch Konkurrenzkämpfe, die die eigene Arbeit negativ beeinflussen. Konkurrenzen um Ressourcen (Projektzuschläge, Finanzmittel) sollten dort, wo sie zutage treten, thematisiert und auf bestehende Themen begrenzt werden. Dann können gemeinsam Wege der Kooperation gefunden werden, die es ermöglichen, gemeinsame Nenner zu definieren und sich kollegial für gemeinsam geteilte Interessen und fachliche Standards der Arbeit in Kindertagesstätten einzusetzen.

Schlussbetrachtungen

Unsere Forschung zeigt, dass in den untersuchten Einrichtungen vielgestaltige und spezifische Schwerpunkte entwickelt und umgesetzt werden. Bezogen auf die Arbeit mit Müttern und Vätern konnten wir herausarbeiten, dass dann, wenn „Fremdheit" überwunden und ein Aufeinander-Zugehen ermöglicht wird, Zeiten für Begegnung und Dialog zum Bestandteil der konzeptionellen Ausgestaltung werden. Die im Gespräch wie auch in gemeinsamen Erleben geteilten Erfahrungen bilden die Grundlage für wechselseitige Lernprozesse: Zwischen Kindern und Erwachsenen, Frauen und Männern; zwischen „Fremden" und den Menschen ohne Migrationserfahrung. Dabei ist festzuhalten, dass es bezogen auf gelingende Zugänge zu Müttern und Vätern, insbesondere zu Menschen mit Migrationshintergrund, deutliche Unterschiede in Haltung und Handlungspraktiken der einzelnen Fach- und Leitungskräfte gibt. Einige Einrichtungen arbeiten auf einem sehr hohen professionellen Niveau, auf Grundlage einer starken konzeptionellen Ausrichtung. Bei anderen besteht themenspezifisch ein hoher Fortbildungsbedarf.

Alle Kindertageseinrichtungen sind in lokale, trägerinterne oder themenspezifische Netzwerke eingebunden. Wir haben viele Einrichtungen besucht, die sich als Teil einer Gemeinde definieren und *die Menschen mit ihren vielfältigen Facetten einbeziehen,* wie es eine Leiterin ausdrückt. Im Ergebnis der Forschung ist festzuhalten, dass es ein zentrales Gelingensmerkmal der Arbeit in Kindertageseinrichtungen ist, individuell und einrichtungsbezogen auf Anforderungen und Bedarfe reagieren zu können. Hier sind wir auf professionelles Erfahrungswissen von Leitungskräften gestoßen, die ihre fachliche wie lokale Expertise kreativ und zielorientiert in die konzeptionelle Weiterentwicklung ihrer Einrichtungen einfließen lassen.

Ingrid Gogolin von der Universität Hamburg weist im Rahmen einer Evaluation des länderübergreifenden Programms „Förderung von Kindern und Jugendlichen mit Migrationshintergrund - FÖRMIG" nachdrücklich darauf hin, dass aufgrund der Heterogenität der Bevölkerungsgruppen kleinräumig und flexibel auf lokale Problemlagen reagiert werden muss (vgl. Gogolin 2008, 72). Es sind Fluktuationen und Wanderungsbewegungen zu berücksichtigen, die *zu unterschiedlichen Zeiten ganz verschiedene (...)*

Auswirkungen in den Regionen nach sich ziehen. Auch in benachbarten Einrichtungen und Organisationen könne die soziale Zusammensetzung unterschiedlich ausfallen (vgl. ebd.). Zudem weisen ihre Untersuchungen darauf hin, dass Strukturmerkmale nicht als Ost-West-Dichotomien, sondern eher als Stadt-Land-Gefälle auszumachen seien. Entsprechend differenziert und von den spezifischen Erfordernissen jeder einzelnen Einrichtung ausgehend sind die Konzepte für die Zusammenarbeit mit Müttern, Vätern und Familien auszugestalten.

Für die beschriebenen methodischen Herausforderungen sind ausreichende Ressourcen erforderlich, um gelingende Zugänge zu Müttern und Vätern zu gestalten. Wir haben oft gehört, dass Leiterinnen Überstunden anhäufen, weil sie nicht vom Gruppendienst freigestellt sind. Leitungskräfte berichten, dass sie über längere Zeiträume bis zu 60 Stunden in der Woche arbeiten. Weitere Statements lauten: Die Gruppen sind zu groß, um Kinder und Eltern mit Migrationshintergrund angemessen fördern bzw. einbeziehen zu können. Die Teilnahme an Fortbildungen oder (lokalen wie fachspezifischen) Vernetzungen ist erschwert, weil Personal fehlt. Mangel an Zeit beeinträchtigt eine arbeitsteilige Projektgestaltung. Die Akquise projektbezogener Finanzmittel bindet zusätzlich Arbeitskraft.

Eine Teilnehmerin der Gruppendiskussion mit Leiterinnen, Fachberatungskräften, Koordinierungsfachkräften und Müttern fasst aus ihrer Sicht zusammen:

Die Kita hat das Vertrauen der Eltern, allein die Arbeitsbedingungen müssen sich verbessern.

Von den verantwortlichen Politikerinnen und Politikern wünschen sich die Leitungskräfte, dass sie die Erfahrungen und Bedarfe der Praxis einbeziehen, dass ihnen mehr Entwicklungs- und Gestaltungsspielräume zugestanden werden.

Reflektierte Praxisentwicklung schließt die begründete Beendigung von Projekten ein, wenn diese sich nicht bewähren. Für die konzeptionelle Ausgestaltung einrichtungsbezogener Lösungen sind angemessene Regelleistungen notwendig.

In den von uns interviewten niedersächsischen Kindertageseinrichtungen werden Konzepte umgesetzt, die auf die jeweiligen lokalen und einrichtungsbezogenen Anforderungen und Besonderheiten reagieren. Leitungskräfte, die in Einrichtungen des ländlichen Bereiches tätig sind, sehen sich häufig mit spezifischen Herausforderungen konfrontiert, für die es keine Patentlösung gibt. Sie machen sich auf den Weg und finden konstruktive Lösungen, die sie weiter entwickeln, modifizieren und etablieren.

Dank

Wir danken den Fachkräften der an der Forschung beteiligten niedersächsischen Kindertageseinrichtungen, insbesondere den Leitungskräften und Mitarbeiterinnen, die an den Telefonbefragungen und Interviews teilgenommen haben. In Städten und Gemeinden haben sich Leiterinnen Zeit für ein ausführliches persönliches Gespräch und für Nachfragen genommen. Etliche Leitungskräfte und Fachberaterinnen sind zu einer Gruppendiskussion nach Hannover gereist. In der Anfangsphase haben wir wertvolle Empfehlungen und Hinweise von Fachberatungskräften, Integrations- und Gleichstellungsbeauftragten, Mitarbeiterinnen aus Familienbildungsstätten, Servicestellen sowie anderen Organisationen erhalten. Mitarbeiterinnen und Mitarbeiter des niedersächsischen Instituts für Frühkindliche Bildung und Entwicklung (nifbe) wie der Regionalnetzwerke haben Informationsmaterialien bereit gestellt und unsere Ausschreibung veröffentlicht. Kommunale Stellen, Einrichtungen der freien Wohlfahrt und Vereine haben uns Auskünfte gegeben und Einblicke in ihren Arbeitsalltag ermöglicht. Beratungs- und Koordinierungsfachkräfte, Mütter mit Multiplikatorinnenfunktion, Mütter aus Bildungsgruppen, Professorinnen, Professoren, wissenschaftliche Mitarbeiterinnen, Lehrbeauftragte, Studierende aus Fachhochschulen sowie Leitungskräfte und Lehrende aus Fachschulen für Soziale Arbeit haben mit uns diskutiert. Die Landeshauptstadt Hannover, die Gleichstellungsstelle der Region Hannover, die Landesarbeitsgemeinschaft Soziale Brennpunkte Niedersachsen e. V. und die Sektion Gemeinwesenarbeit der Deutschen Gesellschaft für Soziale Arbeit e. V. sind als kooperierende Organisationen beteiligt gewesen. Die Mitarbeiterinnen, Mitarbeiter, Lehrende, Forschende sowie Expertinnen und Experten aus Deutschland, Österreich und der Schweiz haben ihre Fachkompetenz in Planung, Zwischenauswertung und Validierung eingebracht. Mit Teilnehmerinnen einer Auswertungsgruppe haben wir unsere Interpretationen geprüft. Kunstschaffende habe die künstlerische Gestaltung durch Illustrationen und Fotos bereichert.

Mitarbeiter und Verantwortliche des Blumhardt Verlages haben an der Ausgestaltung der Druckvorlage mitgearbeitet. Professorinnen, Professoren, wissenschaftliche und studentische Mitarbeiterinnen sowie andere Fachkräfte der Fachhochschule Hannover haben die Arbeit regelmäßig begleitet. Insbesondere danken wir Professorin Dr. Barbara Ketelhut und Alexandra Wiechert.

Als Drittmittelprojekt ist die Forschung im Rahmen des Europäischen Fonds für regionale Entwicklung (EFRE) gefördert und finanziert worden.

Rosemarie Lüters (Master of Social Work)
Fachhochschule Hannover

Professor Dr. (phil.) Joachim Romppel
Fachhochschule Hannover

Maren Schreier (Master of Social Work)
Bremer Institut für Soziale Arbeit und Entwicklung e. V.
(BISA +E)

Anhang: Forschungsdesign

Titel des qualitativen Forschungsprojektes

Sozialraumorientierte Konzepte in Einrichtungen des Elementarbereichs

Forschungsfragen

Wie werden sozialraumorientierte Konzepte in den Einrichtungen des Elementarbereichs im ländlichen Umfeld umgesetzt? Wie gestalten sich Prozesse der Zusammenarbeit mit Müttern und Vätern? Wie gestalten sich die Prozesse im Hinblick auf Gender, Migration und Sozialraum? Wie werden Beziehungen zu Müttern und Vätern aufgebaut und gestaltet?

Forschungsdesign

Die Befragungen und Interviews haben wir in der Zeit von Juli 2009 bis Juni 2011 durchgeführt

a) **Kontaktierte Einrichtungen in Niedersachsen:**
- 14 Einrichtungen melden sich nach Ausschreibung und Werbung („Selbstmelder");
- 53 Kontakte über telefonische Anfragen und Empfehlungen

b) **Durchführung von Telefonbefragungen:**
30 Einrichtungen für einen Auswahlpool

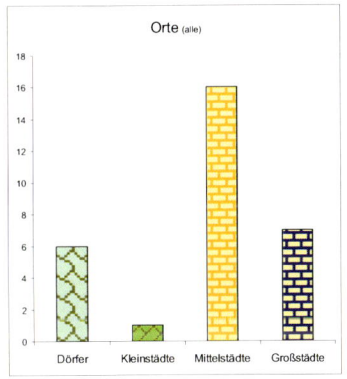

Zur Definition von Städten und Dörfern
(vgl. Hans-Dieter Haas, Simon-Martin Neumair)

c) Auswahlkriterien für die Interviews mit Leitungskräften:

Diversität und Qualität der Forschung sind durch die an den Prinzipien der Grounded Theory (vgl. Anselm Strauss, Juliet Corbin 1996) orientierte Auswahl und durch die prozessbegleitende Überprüfung der Fragestellungen gesichert worden. Es ergibt sich eine Perspektivenvielfalt hinsichtlich folgender Merkmale:

- Unterschiedliche Struktur des Umfelds (Dorf, Kleinstadt, Großstadt);
- Unterschiedliche Organisationsformen (Elterninitiative, Kindergarten, Kindertagesstätte, Eltern- Kind-Zentrum, Familienzentrum);
- Unterschiedliche Kooperationsstrukturen;
- Unterschiedliche Schwerpunkte und Profile in den Einrichtungen;

d) Durchführung von Interviews mit Leiterinnen:

Vor Ort in 17 Einrichtungen (Leitfadeninterviews mit narrativen Anteilen und Erkundungen der Umgebung).

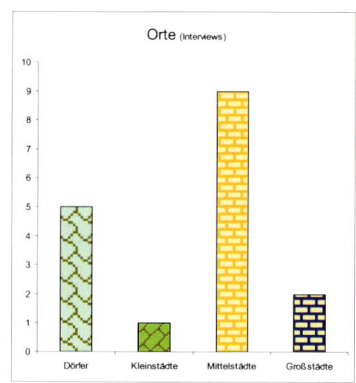

e) Durchführung von zwei Gruppendiskussionen:

Erste Gruppendiskussion (Diskussion von Forschungsergebnissen und Thesen, Januar 2011) mit Leiterinnen aus den beteiligten Einrichtungen in Niedersachsen, Koordinierungsfachkräften in Niedersachsen, Müttern mit Multiplikatorinnenfunktion aus Hannover, Mütter aus Kindertageseinrichtungen in Hannover, Fachberatungskräften/

fachlicher Leitung einzelner Trägerschaften und einer Vertreterin aus dem Kultusministerium.

Zweite Gruppendiskussion (Validierung, Februar 2011) mit Fachleuten aus der Fakultät V der Fachhochschule Hannover, aus Kooperationspartnerschaften des Forschungsprojekts, aus Fachschulen für Sozialpädagogik und aus dem Netzwerkmanagement des niedersächsischen Instituts für frühkindliche Bildung (nifbe).

f)   Gespräche und Gruppendiskussionen mit Expertinnen und Experten:

Die Kontakte und Gespräche fanden in der Zeit von August 2009 bis Juni 2011 in Niedersachsen, in weiteren Städten der Bundesrepublik und in einem europäischen Arbeitskreis statt.

Es fanden regelmäßige Austauschgespräche mit den kooperierenden Einrichtungen statt:

- Landeshauptstadt Hannover (LHH)
- Landesarbeitsgemeinschaft (LAG) Soziale Brennpunkte Niedersachsen e. V.
- Gleichstellungsbeauftragte (Team Gleichstellung), Region Hannover

- Deutsche Gesellschaft für Soziale Arbeit e. V. (DGSA), Sektion Gemeinwesenarbeit.

Untersuchungsgruppen und -orte

a)   1. Leitungskräfte/Berufsgruppen

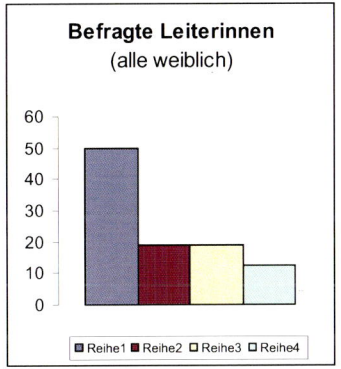

Reihe 1: Erzieherinnen
Reihe 2: Heilpädagoginnen
Reihe 3: Sozialpädagogin/Sozialarbeiterin
Reihe 4: Sonstige (akademische Berufe)

b)   Berufserfahrung

Jahre	Anzahl
2-5	3x
5-15	4x
16-25	3x
26-33	4x
Elf Leiterinnen **haben mehr als fünf Jahre** Leitungserfahrung.	

c)   Orte

- 14 Kindertagesstätten/Kindergärten (davon 3 x Integrations-Kita)
- 3 Familienzentren/Eltern-Kind-Zentren

d)   Migrationsanteil in Kindertageseinrichtungen
(Schätzungen der Leiterinnen)

Migrationsanteil in Prozent	Anzahl
10-20	2x
25-40	10x
45-60	5x

Auswertung

Die Auswertung erfolgte nach den Prinzipien der Grounded Theory, wie sie von Anselm Strauss und Juliet Corbin beschrieben worden sind. Mit dieser Methode werden Texte auf die erzählten Interaktionsprozesse und Dynamiken hin untersucht, um Weiterentwicklungen für die Praxis zu ermöglichen. Eine Besonderheit ist die Gleichzeitigkeit der Untersuchungseinheiten. Die Einrichtungen werden entsprechend im Verlauf der Untersuchung ausgewählt. Interviews und Auswertung laufen parallel. Ein weiteres

Merkmal ist die Kontrastbildung. So wird der Blick bei der Auswertung geweitet, weil man Beispiel und Gegenbeispiel zu einem Sachverhalt vergleicht. Die Einrichtungen werden entsprechend im Verlauf der Untersuchung ausgewählt.

Für die Ergebnisdarstellung sind drei Hauptthemen (vgl. Kapitel 1-3) ausgewählt worden. Die Typenbildung zu konzeptionellen Schwerpunkten des ländlichen Umfelds findet sich im Kapitel 4.

Literatur

Altan Melahat**; Foitzik**, Andreas**; Goltz**, Jutta (2009): Eine Frage der Haltung. Eltern(bildungs)arbeit in der Migrationsgesellschaft. Eine praxisorientierte Reflexionshilfe. Aktion Jugendschutz Baden Württemberg. Stuttgart

Barloschky, Joachim; **Knauf**, Anne**; Schreier**, Maren (2006): Familienorientierte Kita-Arbeit. Baustein einer Quartiersentwicklung mit und für die Bewohner/innen in Bremen-Tenever. In: Regiestelle E&C der Stiftung SPI (Hrsg.): Die Soziale Stadt für Kinder und Jugendliche. Perspektiven von Quartiersentwicklung und Lokalem Aktionsplan in E&C-Gebieten. Berlin, 87-92

Bohn, Irina; **Kreft**, Dieter; **Segel**, Gerhard (Hrsg.) (1997): Das Aktionsprogramm gegen Gewalt. Münster

Bertelsmann Stiftung (2010): Vereinbarkeit von Familie und Beruf. Vergleich von Bürgern mit und ohne Migrationshintergrund. Download unter: www.bertelsmann-stiftung.de (14.01.2011)

BMFSJ (2010): Ehe, Familie, Werte. Migrantinnen und Migranten in Deutschland. Monitor Familienforschung. Ausgabe 24. Berlin. Download unter: www.bmfsfj.de (14.01.2011)

BMFSJ (2010): Dossier. Familien mit Migrationshintergrund. Lebenssituation, Erwerbsbeteiligung und Vereinbarkeit von Familie und Beruf. Berlin. Download unter: www.bmfsfj.de (14.01.2011)

BMFSJ (2009): Wie erreicht Familienbildung und -beratung muslimische Familien? Eine Handreichung. Berlin. Download unter: www.bmfsfj.de (15.04.2010)

Cloos, Peter; **Karner**, Britta (Hrsg.) (2010): Erziehung und Bildung von Kindern als gemeinsames Projekt. Zum Verhältnis von öffentlicher Erziehung und öffentlicher Kinderbetreuung. Schorndorf

Deinet, Ulrich (Hrsg.) (2009): Methodenbuch Sozialraum. Wiesbaden

Detert, Dörte (2007): Gemeinsame Erziehungsverantwortung von Familien und Lehrkräften. Studie zur Kooperationszufriedenheit am Beispiel der Primarstufe in Hannover und Liverpool. Hannover

Diller, Angelika (2006): Eltern-Kind-Zentren. Grundlagen und Rechercheergebnisse. Deutsches Jugendinstitut e.V. München. Abteilung Kinder und Kinderbetreuung. www.dji.de (01.07.08)

Diller, Angelika (2010): Familienzentren und Co. In: Cloos u.a. 2010

Gogolin, Ingrid (2008): Förderung von Kindern und Jugendlichen mit Migrationshintergrund „FörMig" – ein länderübergreifendes Programm zur Optimierung der Sprachbildung; Download unter: www.blk-foermig.uni-hamburg.de/web/de/all/mat/ltdb/index.html   ; (14.03.2009)

Haas, Hans-Dieter, **Neumair,** Simon-Martin: Das Wissen der Experten. In: http:// wirtschaftslexikon.gabler.de/ Archiv/9180/stadt-v6.html (Zugriff: 24.05.2011)

Hebenstreit-Müller, Sabine; **Kühnel**, Barbara (Hrsg.) (2005): Integrative Familienarbeit in Kitas. Individuelle Förderung und Zusammenarbeit mit Eltern. Berlin: Dohrmann (Beiträge zur pädagogischen Arbeit des Pestalozzi-Fröbel-Hauses, 9)

Heiner, Maja (Hrsg.) (1988): Praxisforschung in der sozialen Arbeit, Freiburg im Breisgau

Hinte, Wolfgang; **Lüttringhaus**, Maria; **Oelschlägel**, Dieter (2001): Grundlagen und Standards der Gemeinwesenarbeit. Ein Reader für Studium, Lehre und Praxis. Münster

Holz, Gerda (2007): Wer fördert Deutschlands sozial benachteiligte Kinder? Rahmenbedingungen zur Arbeit von Kitas mit Kindern aus sozial benachteiligten Familien. Gütersloh. In: http://www.iss-ffm.de/index.php?id=140 (04.07.08)

Jampert, Karin; **Janke**, Dirk; **Peuker**, Christian; **Zehnbauer**, Anne (2003): Familie Kinder Beruf. Familienunterstützende Kinderbetreuungsangebote in der Praxis. München

Jampert, Karin; **Best**, Petra, **Guadatiello**, Angela; **Holler**, Doris; **Zehnbauer**; Anne (2007) (2. Auflage): Schlüsselkompetenz Sprache. Sprachliche Bildung im Kindergarten. Konzepte. Projekte. Maßnahmen. Weimar, Berlin

Kast, Andrea (2005/2006): Gesellschaftliche Teilhabe sichern. Partizipation von Migrantinnen und Migranten in der „Sozialen Stadt" Berlin. Friedrich Ebert-Stiftung Berlin. www.fes.de/ (13.01.07)

Ketelhut, Barbara (2003): Familie. In: Historisch-kritisches Wörterbuch des Feminismus. Band 1. Berlin

Krieg, Elsbeth; **Meinig**, Birgit; **Wustrack**, Simone (2010): Von der Kindertagesstätte zum Familienzentrum. Hannover

Lamnek, Siegfried (1993): Qualitative Sozialforschung. Band 2. Methoden und Techniken. Weinheim

Landeshauptstadt Hannover (2005): Leitlinien zur ganzheitlichen Sprachförderung der Landeshauptstadt Hannover. Fachbereich Jugend und Familie. Bereich Kindertagesstätten. Hannover

Langhanky, Michael**; Frieß**, Cornelia**; Hußmann**, Marcus**; Kunstreich**, Timm (2004): Erfolgreich sozialräumlich handeln. Die Evaluation der Hamburger Kinder- und Familienzentren. Bielefeld

Lepenies, Annette (2005): Kein Kind kommt allein - Eltern in der Kita. In: Hebenstreit-Müller, Sabine; Kühnel, Barbara (Hrsg.): Integrative Familienarbeit in Kitas. Individuelle Förderung und Zusammenarbeit mit Eltern. Berlin: Dohrmann (Beiträge zur pädagogischen Arbeit des Pestalozzi-Fröbel-Hauses, 9), 11–25.

Lüters, Rosemarie; **Romppel**, Joachim (2009): Bericht über die Evaluation. „Flächendeckende Sprachförderung für Migrantenkinder und Kinder mit Sprachschwierigkeiten" in der Landeshauptstadt Hannover. Öffentlich zugänglich in: Bibliothek der Fachhochschule Hannover, Fakultät V, Blumhardtstr. 2, Hannover

Lüttringhaus, Maria; **Richers**, Hille (2003): Handbuch Aktivierende Befragung. Konzepte, Erfahrungen, Tipps für die Praxis. Bonn

Merkle, Tanja, **Wippermann**, Carsten (2008) (Hrsg.): Henry-Huthmacher, Christine; Borchard, Michael: Eltern unter Druck. Selbstverständnisse, Befindlichkeiten und Bedürfnisse von Eltern in verschiedenen Lebenswelten. Stuttgart

Moser, Heinz (1995): Grundlagen der Praxisforschung. Freiburg im Breisgau

Naves, Annegret; **Schweitzer**, Helmut (2004): Stadtteil-mütter – Projekt . Interkulturelle Sprachförderung und Elternbildung im Elementarbereich. Abschlussbericht. Evaluation. RAA/Büro für interkulturelle Arbeit: Stadt Essen

Naves, Annegret; **Rummel,** Beate (2006/2008): Interkulturelle Sprachförderung und Elternbildung im Elementarbereich. Gesamtevaluation. www.raa.de/ (24.05.08/ 14.03.09)

Pleiner, Günther; **Thies**, Reinhard (2002): Vom „Sozialen Brennpunkt" zur sozialen Stadt. Sozialräumlicher Paradigmenwechsel in Gemeinwesenarbeit und Stadtteilmanagement. In: Riege, Marlo; Schubert, Herbert (Hrsg.): Sozialraumanalyse. Grundlagen, Methoden, Praxis. Wiesbaden

Reuter-Spanier, Dieter (2003).: Elternarbeit – mit oder gegen Eltern? In: Jugendhilfe 41, H. 3, 124-131

Riedel, Regina; **Epple**, Hartmut (2003): Forum 2: Eltern erreichen, die sonst nicht zu erreichen sind. In: Regiestelle E&C der Stiftung SPI (Hrsg.): Familien im Zentrum. Integrierte Dienste im Stadtteil. 10. Zielgruppenkonferenz der aus dem KJP geförderten bundeszentralen freien Träger. Dokumentation der Veranstaltung vom 11. Und 12. Dezember. Berlin.

Riege, Marlo; **Schubert**, Herbert (Hrsg.) (2005): Sozialraumanalyse. Grundlagen, Methoden, Praxis. Wiesbaden

Rietmann, Stephan; **Hensen**, Gregor (Hrsg.) (2009): Werkstattbuch Familienzentrum. Methoden für die erfolgreiche Praxis. 1. Aufl. Wiesbaden

Romppel, Joachim (1996): Wodurch wird die Arbeit in einer Kindertagesstätte interkulturell? In: Verein Niedersächsischer Bildungsinitiativen und Ausländerbeauftragte des Landes Niedersachsen: Kinder Kunterbunt . Handreichung für interkulturelles Lernen mit Kindern. Barnstorf

Romppel, Joachim (2003): Netzwerke Sozialer Arbeit zwischen Selbstorganisation und Organisation am Beispiel der Kinder- und Jugendhilfe. Freiburg

Romppel, Joachim; **Lüters,** Rosemarie (2005): Erfolgsgeschichten der Gemeinwesenarbeit. Bonn

Rupp, Marina; **Smolka**, Adelheid (2006): Empowerment statt Pädagogisierung – Die Bedeutung niedrigschwelliger Konzepte für die Familienbildung. In: Bauer, Petra/Brunner, Ewald J. (Hrsg.): Elternpädagogik. Von der Elternarbeit zur Erziehungspartnerschaft. Freiburg, 193-214

Sachstandsbericht zur flächendeckenden Sprachförderung in der Landeshauptstadt Hannover für das Kindergartenjahr 2007/2008; https://e-government.hannover-stadt.de/lhhSIMwebdd.nsf/F20C74B50058FFF5C12575A700351E82/$FILE/1052-20

Schreier, Maren (2007): ‚Geh nicht motivieren – geh Motivation suchen!' Ist Partizipation alltagstauglich? In: Senator für Soziales (Hg.:) SpielRäume. Nr. 38/39. Partizipation. Bremen, 73-77

Schreier, Maren (2011): Familienorientiertes Arbeiten im Kinder- und Familienzentrum „Kinderhafen Tenever" (Arbeitstitel). Herausgeberin: KiTa Bremen. Bremen, im Erscheinen

Schopp, Johannes (2005): Eltern stärken. Dialogische Elternseminare. Ein Leitfaden für die Praxis. Opladen

Schweitzer, Helmut (2002): „'Jetzt weiß ich, dass ich nicht dümmer bin...!' Elternbildung mit Migrantenfamilien durch Stadtteilmütter", in KiTa aktuell NRW 6, 133-135

Staub-Bernasconi, Silvia (1998): Soziale Probleme – Soziale Berufe – Soziale Praxis. In: Heiner, Meinhold, von Spiegel, Staub-Bernasconi (4. Auflage): Methodisches Handeln in der Sozialen Arbeit. Freiburg im Breisgau

Staub-Bernasconi, Silvia (2007): Soziale Arbeit als Handlungswissenschaft. Systemtheoretische Grundlagen und professionelle Praxis. Bern. Stuttgart. Berlin

Stock, Lothar: Sozialraumanalyse. In: Maja Heiner (2004): Diagnostik und Diagnosen in der Sozialen Arbeit

Straßburger, Gaby; **Bestmann**, Stefan (2008): Praxishandbuch für sozialraumorientierte interkulturelle Arbeit. Berlin. Bonn

Strauss, Anselm L.; **Corbin**, J. (1996): Grounded Theory. Grundlagen Qualitativer Sozialforschung. Weinheim

Sturzenhecker, Benedikt (2009): Eltern-Kind-Zentren in Hamburg. Evaluation von 18 Eltern-Kind-Zentren in Hamburg – Abschlussbericht. Herausgeber: Freie und Hansestadt Hamburg Behörde für Soziales, Familie, Gesundheit und Verbraucherschutz, Hamburg

Thiessen, Barbara (2009): Geschlechterdynamiken in muslimischen Familien. Lebenswelten, Elternarbeit und sozialpädagogische Ansätze. In: Soziale Arbeit und Gender. Heft 9, 20-21

Westphal, Manuela (2004): Migration und Genderaspekte. In: Bundeszentrale für politische Bildung. www.bpb.de (24.05.08)

World Vision Deutschland (2007): Kinder in Deutschland 2007. 1. World Vision Kinderstudie. Unter Mitarbeit von Klaus Hurrelmann. Frankfurt am Main

Zwengel, Almut (2005): Ich kann's! Stärkung der Erziehungskompetenz von Müttern mit Migrationshintergrund. In: www.fh-fulda.de

blumhardt verlag hannover

Blumhardtstraße 2, 30625 Hannover
Telefon: (0511) 9296-3162, Fax: (0511) 9296-3165
E-Mail: blumhardt-verlag@fh-hannover.de
www.blumhardt-verlag.de

Schriftenreihe der Fakultät V – Diakonie, Gesundheit und Soziales der Fachhochschule Hannover

Die Schriftenreihe der Fakultät V – Diakonie, Gesundheit und Soziales der Fachhochschule Hannover erschien bis Band 13 unter dem Titel Schriftenreihe der Evangelischen Fachhochschule Hannover.

5   Ulrike Mattke
    Integration von Kindern mit Behinderung in der Landeshauptstadt Hannover. Ein Forschungsbericht
    2006, 175 S., ISBN 978-3-932011-65-8, € 8,–

6   M. Karl-Heinz Lehmann (Hrsg.)
    Recht sozial. Rechtsfragen der Sozialen Arbeit. 2., erweiterte Auflage
    2002, VIII, 521 S., ISBN 978-3-932011-26-9, € 5,–

12 Gunter A. Pilz, Henning Böhmer (Hrsg.) (Hrsg.)
    Wahrnehmen – Bewegen – Verändern. Beiträge zur Theorie und Praxis sport-, körper- und bewegungsbezogener sozialer Arbeit
    2002, 372 S., ISBN 978-3-932011-39-9, € 5,–

13 Thomas Grosse, Rosemarie Lüters
    Grenzgänger konkret. Evaluation eines niedersächsischen Hip-Hop-Projekts
    2007, 93 S., ISBN 978-3-932011-68-9, € 6,–

15 Dörte Detert
    Gemeinsame Erziehungsverantwortung von Familien und Lehrkräften. Studie zur Kooperationszufriedenheit am Beispiel der Primarstufe in Hannover und Liverpool
    2007, 142 S., ISBN 978-3-932011-73-3, € 9,80

18 Elsbeth Krieg, Birgit Meinig, Simone Wustrack
    Von der Kindertagesstätte zum Familienzentrum. Entwicklungen und Herausforderungen für die Praxis
    2010, 151 S., ISBN 978-3-932011-82-5, € 11,–

19 Rolf Balgo (Hrsg.)
    Systemtheorie – eine hilfreiche Perspektive für Behinderung, Gesundheit und Soziales? Dokumentation der Fachtagung „Systemtheorie – eine hilfreiche Perspektive für Behinderung, Gesundheit und Soziales?" vom 29.-30.10.2009 der Abteilung Heilpädagogik, Fakultät V – Diakonie, Gesundheit und Soziales der Fachhochschule Hannover
    2010, 177 S., ISBN 978-3-932011-83-2, € 11,80

Quellen und Forschungen zum evangelischen sozialen Handeln

Herausgegeben von Martin Cordes, Rolf Hüper und Simone Wustrack

Masterarbeiten der Fakultät V – Diakonie, Gesundheit und Soziales der Fachhochschule Hannover

Ausgezeichnet mit dem Preis des Blumhardt Verlags für herausragende Masterarbeiten.